JN069099

持続可能な学びのデザイン

―公共・歴史総合への架け橋―

高校「社会科」授業実践

清水書院

もくじ

序

「授業探訪」という「対話」の場づくりの試み

皆川雅樹

1．本書刊行の経緯

本書は、清水書院の学校教員向けの情報冊子『Research』に掲載してきた「皆川雅樹の授業探訪」（以下、「授業探訪」）で紹介した高等学校における〈現代社会〉、〈世界史Ｂ〉、〈日本史Ｂ〉、〈日本史Ａ〉（以下、科目名には〈　〉を付す）の授業実践を一書にまとめたものである。本来であれば、「社会科」に関わるすべての科目を取材してから、平成30（2018）年３月告示の高等学校学習指導要領（以下、新指導要領）で新設される新科目なども想定しながら整理して一書にまとめることを計画していた。しかし、取材を進めていくことに躊躇せざるを得ない状況となってしまった。

2020年、新型コロナウイルス感染症（COVID-19）の世界的なパンデミックにより、日本においても2020年３月から全国の小・中・高等学校は一斉休校となり、学校が数か月閉鎖されることとなった。学校再開後も、分散登校への対応や感染症対策などの子どもたちの「安全」への配慮がこれまでにない形で行われることとなった。長期間の一斉休校は、学びの保障や児童・生徒の心身への影響などの子どもたちの「安心」面での問題を浮き彫りにした。2020年6月を前後して、一斉休校が徐々に解除されていくと、登校したり、友人と会ったりできることへの「安心」な気持ちをあらわす児童・生徒やその保護者からのコメントが様々なメディアを通じて耳に入ることとなった。ただし、感染への不安、家族に高齢者や基礎疾患のある方などがいるなどで登校できない児童・生徒が一定数いることも考慮する必要がある。

このような状況の中に、部外者の私（皆川）が取材にいくことは、学校の「安全」とともに、子どもたち、保護者や先生方の「安心」も脅かすことになりかねず、新規の取材はできない、という思いに至ったわけある。そんな思いを持つ中で、これまで取材した先生方は、コロナ禍の中で生徒たちとどのように向き合っているのかも気になり始めた。そこで、これまで取材した授業実践を一書にまとめるだけではなく、取材後の実践や思考・マインドについて原稿を寄せていただくことを考えたわけである。

2．本書の構成

本書は、２部で構成されている。

第１部では、『Research』の「授業探訪」に掲載した〈現代社会〉日野田昌士先生、〈世界史Ｂ〉梨子田喬先生、〈日本史Ｂ〉西村博樹先生、〈日本史Ａ〉堀越直樹先生の授業実践をそれぞれ再録する。

第２部では、取材させていただいた４先生に、「授業探訪」を振り返っていただくとともに、その後の授業実践の変化・進化や思考したことをご執筆いただいた。

日野田昌士「Only One for Others を求める授業～自分の学びをデザインする生徒の育成～」では、2020年度のコロナ禍における学校全体としての動きとその方向性について詳細に提示する。オンライン授業から対面授業へとシフトする中で、同校が培ってきた「ICE モデル」「思考コード」を基軸とした授業デザインについて紹介する。なお、日野田先生は「授業探訪」後にご担当していた〈現代社会〉の授業を同校に勤務する伊藤航大先生に引き継いだため、その後の〈現代社会〉の授業実践については伊藤先生にご執筆をお願いした。

梨子田喬「授業デザインの時代へ～単元を貫く問いの設定～」では、〈世界史

B〉における授業実践について、新指導要領における新設科目である〈歴史総合〉〈世界史探究〉でも前提となる「単元を貫く問い」を中心に紹介する。生徒による振り返りを手がかりに、生徒の学びの実現に向けての戦略を考えた上での授業デザインを提案する。

西村博樹「Good Try!! があふれる授業へ～自走する学びの連鎖～」では、2020年度に西村先生が担当する中学校社会科〈地理的分野〉の対面授業およびオンライン授業での実践について紹介する。地理の「授業探訪」は実現しなかったが、西村先生の〈地理的分野〉の授業実践は、新指導要領において高等学校の新設科目である〈地理総合〉にもつながりそうなものである。

堀越直樹「歴史の学びを通じて『対話』をめざす～教科書との『対話』、歴史との『対話』、現代との『対話』～」では、IB（国際バカロレア）コースにおける〈日本史A〉の授業を通じて、生徒同士での「対話」だけではなく、教科書との「対話」、歴史上の人物との「対話」、教師や様々な人たちとの「対話」の場をつくるための授業実践を紹介する。IBのコア科目である〈知の理論（TOK：Theory of Knowledge)〉における「対話」を通じた学びにつながる授業実践でもある。

さらに、前川修一先生、梨子田先生と皆川による鼎談を収録した。前川先生は現在、福岡県立の定時制高等学校に勤務しており、地理歴史・公民に関わる科目を多く担当している。その知見や経験をふまえて、「社会科」および新科目〈歴史総合〉〈地理総合〉〈公共〉と「持続可能な学び」についての現段階でのご見解をいただいた[1]。

以上のような構成・内容により、本書のタイトルにある「持続可能な学びのデザイン」が紹介でき、読者の皆様の授業を構想・デザインする一助となり得ると考えている。

---

(1) 前川先生の授業に対する考え方については、前川修一「「問い」を足がかりに、全員参加の歴史授業へ」（同・梨子田喬・皆川雅樹編著『歴史教育「再」入門―歴史総合・日本史探究・世界史探究への“挑戦”―』清水書院、2019年）も参照。

3.「授業探訪」の意図

ここで、「授業探訪」という企画の意図について触れておきたい。

「授業探訪」の企画は、2018年後半に私が清水書院の方に提案したことから始まる。当時、同社から2019年末に刊行した前川修一・梨子田喬・皆川雅樹編著『歴史教育「再」入門—歴史総合・日本史探究・世界史探究への“挑戦”—』の企画が動き出していたころである。本書は、タイトルの通り、歴史に関わる科目を主眼においていたので、それ以外の社会科、地理や公民の科目に関わる授業実践は収録しなかった。「授業探訪」では、高等学校の世界史・日本史以外の科目にも注目して取材していこうと思い始めた。ただし、第1回目は〈現代社会〉の授業を取材できたが、第2～4回は〈世界史B〉、〈日本史B〉、〈日本史A〉であり、私の好みに偏ってしまった。5回目以降は〈地理A〉、〈地理B〉、〈政治経済〉、〈倫理〉などと計画していたが、これらはいずれ実現させたい。

さて、「授業探訪」の目的・目標としては、第1回目の記事の冒頭に次のように提示した。

> 私（皆川）が好きな番組のひとつに、「渡辺篤史の建もの探訪」（テレビ朝日系列）という日本全国の素敵な住宅を訪ねる番組がある。渡辺篤史さんが、住人から住み心地の良さを聴き出したり、建築技法にこだわりのある住宅を隅々まで観て感じたことを言葉にしたりしていく。
>
> この「授業探訪」も私が、授業見学をしたり、担当教員や生徒さんへのインタビューをしたりして、観て聴いて感じたことを文章にして紹介していきたいと考えた。その目的は、「学び続ける教員たちがつくる学びの場との対話」にしたいということになる。
>
> 中等教育の現場では、「キャリア教育」「主体的・対話的で深い学び（アクティブ・ラーニングの視点）」「探究」など生徒中心の授業が模索され続けている。授業実践というとグループワークなどの手法を知りたいという思いが先行してしまい、授業を運営する教員のマインド（思い・あり方・志など）に目がいかないことが多々ある。教員のマインドが、目の前の生徒たちにとって意味ある学びの場づくりを意識しているかどうかで、授業における手法も教材研究の方法も変わってくる。したがって、「学び続ける教員たちがつ

くる学びの場との対話」とは、授業における手法や教材研究の方法にも切り込みつつ、その軸となる教員のマインドに注目していくことである。

「授業探訪」の目的は、読者の立場を前提として、「学び続ける教員たちがつくる学びの場との対話を試みる」とした。また、それに対する目標（ステップ）として、

①授業の特徴に触れることができる、

②マインドを含めた授業デザインについて考えることができる、

③教員にとっての授業の「価値」について考えることができる

とした。これらの目標に沿って、４回の取材記事をすべて次のような見出しをつけて配置した。

1．今回の授業探訪先
2．○○について考える授業（授業内容・展開の紹介）
3．授業の特徴
4．授業デザインの特徴
5．新科目△△△などへの刺激
6．授業の「価値」

目標①は「今回の授業探訪先」「○○について考える授業」「授業の特徴」で、目標②は、「授業デザインの特徴」「新科目△△△などへの刺激」、目標③は「授業の「価値」」でそれぞれ説明している。そして、私が取材して記事にすることで、読者の皆様の授業づくりの参考になることはもちろんのこと、取材させていただいた授業者の皆様のリフレクション(2)につながることや私以外の方が授業者の皆様とつながる呼び水になればとも考えた。つまり、目的として設定した「学び続ける教員たちがつくる学びの場との対話」は、私が取材させていただいた授

(2) リフレクションについては、一般社団法人学び続ける教育者のための協会（REFLECT）編『リフレクション入門』（学文社、2019年）参照。なお、同書２頁において、オランダの教師教育研究者のフレット・コルトハーヘンについて紹介されている。教育実践を紹介する中で、教育者が「何をするか」に注目が集まりがちであるが、「教師自身のひととなり（あり方）」への注目が今後の教育にとってより重要な要素になっていくことを指摘している。「教師自身のひととなり（あり方）」は、「授業探訪」で注目した教員のマインドと通じるものである。

業者の皆様と対話するだけではなく、授業者の皆様自身が自分自身と対話したり、読者の皆様が私の記事を通じて取材対象の授業者の皆様と対話をしたり、さらに読者の皆様が取材対象の授業者の皆様とコンタクトをとって直接的に対話することを想定したものである。

このような様々な形での「対話」(dialogue) によって、私を含めた「他人と交わす新たな情報交換や交流」⑶や「自己との対話」⑷が起こり、読者の皆様や取材対象の授業者の皆様の新しい発見や刺激につながればと願い、「授業探訪」をしてきたわけである。

そして、本書の刊行によって、「授業探訪」を通じた「対話」だけではなく、取材させていただいた先生方の「授業探訪」後のリプライおよび「自己との対話」の様子を読者の皆様が知り、新たな「対話」の場をつくること⑸ができれば幸いである。

⑶平田オリザ『対話のレッスン―日本人のためのコミュニケーション術―』(講談社学術文庫、2015年、初出2001年) 16～17頁による「対話」についての説明の一部である。同『わかりあえないことから―コミュニケーション能力とは何か―』(講談社現代新書、2012年) も参照。

⑷佐藤学『学びの快楽―ダイアローグへ―』(世織書房、1999年) 60～61頁によると、「自己との対話」とは「対象世界に対峙する自己自身を構成し、自己自身を対象化するメタ思考を展開して、自己自身を再構成」することで「自分探し」につながるという。これは、「学びの対話的実践」における「対象(世界) との対話」「自己との対話」「他者との(コミュニケーションという) 対話」という3つの対話の中の1つである。一方、細川英雄『対話をデザインする―伝わるとはどういうことか―』(ちくま新書、2019年) 26頁に「知らないうちに自分自身とは対話しているのですが、そのことに自覚的になっていない」という指摘があり、「自己との対話」の経験を自覚的に行うことで「他者との対話」のテーマを発見できるという。また、「対話」とは、相手としての他者の存在を意識し、その領域に大きく踏み込む行為であるとする(同書22頁)。

⑸「対話」の場づくりやその必要性については、暉峻淑子『対話する社会へ』(岩波新書、2017年)、ケネス・J・ガーゲン/メアリー・ガーゲン『現実はいつも対話から生まれる―社会構成主義入門―』(伊藤守監訳・二宮美樹翻訳総括、ディスカヴァー・トゥエンティワン、2018年)、パウロ・フレイレ『被抑圧者の教育学　50周年記念版』(三砂ちづる訳、亜紀書房、2018年、原著1968年)、井庭崇・長井雅史『対話のことば―オープンダイアローグに学ぶ問題解消のための対話の心得―』(丸善出版、2018年)、一般社団法人ウィルドア・合同会社Active Learners編『参加したい場を、一緒につくろう。』(私家版、2020年)、松下佳代『対話型論証による学びのデザイン―学校で身につけてほしいたった一つのこと―』(勁草書房、2021年) などが示唆に富む。

I　授業探訪

学びの場としての授業実践

授業探訪①

「学び」と「楽しい」が共存する〈現代社会〉

～ユニバーサルな授業への工夫～

探訪先　聖学院中学校・高等学校
日野田 昌士
仙波　徳俊
小川 真祈人
取材・執筆者　皆川雅樹
取材日　2019年1月

0．授業探訪の目的と目標

第1回目の授業探訪。今回は〈現代社会〉の授業を探訪した。

〈授業探訪の目的〉
学び続ける教員たちがつくる学びの場との対話を試みる。
〈授業探訪の目標〉
①授業の特徴に触れることができる。
②マインドを含めた授業デザインについて考えることができる。
③教員にとっての授業の「価値」について考えることができる。

1．授業探訪先の授業構成

第1回目の授業訪問先は、聖学院中学校・高等学校の〈現代社会〉（以下、科目としての現代社会の授業には〈　〉を付す）の授業である。〈現代社会〉は、高校2年生の授業科目として設定されており、文系・理系に関わらず全生徒が学ぶ必修科目とされている。

同校の社会科系必修科目は、次の通りである。

中学1年：地理（4単位）
中学2年：歴史（4単位）
中学3年：公民（3単位）
高校1年：日本史A（2単位）
　　　　　世界史A（2単位）
高校2年：現代社会（2単位）

今回取材させていただいた〈現代社会〉は、全生徒が共通して学ぶ最後の科目であり、中学から積み上げてきた知識を活用する学びの場としても機能することが期待されているのではないだろうか。その証として、〈現代社会〉の授業では、教員によるレクチャー中心の生徒へのインプットのみの授業ではなく、グループワーク、全体ディスカッションやそれらを受けてのコメントシート記入のようなアウトプットにも多くの時間を費やしている。

したがって、〈現代社会〉における1コマ50分間の構成は、次のように設定されている（①・②の順番はテーマや担当者の裁量によって変更可能）。

①教員によるレクチャー（15分）
②グループワーク（5分）
③全体ディスカッション（20分）
④コメントを書く（10分）

当初は、レクチャー（40分）とコメント記入（10分）で構成していたという。しかし、「世の中のことを（ある程度）知っているが、他人に伝える機会がなく、興味を失い、他人事化してしまっている」生徒の状況を、「他人と議論することで、他人の意見を聞きつつも、自分の意見を伝えられるようになり、結果自分事化して欲しい」へと変化させるために、「レクチャーは最小限にし、生徒の力を信じよう！　授業者も生徒とともに「考える」授業にしよう！」を前提（マインド）として授業デザインがなされているわけである。

要するに、主体的・対話的とは何か、深い学びとは何かといった語の定義に向かうのではなく、生徒が能動的に問いを見いだし追究する学習をどう促すかを考えることである。それが功を奏せば、生徒は自ずとアクティブになっていくはずである。

2.「日本にとって円安と円高のどちらが望ましいか？」を考える授業

2019年１月末、〈現代社会〉を担当する日野田先生の授業を主に取材させていただいた。理系25名（当日は２名欠席）のクラスにお邪魔させていただいた。

本時のテーマは「貿易のしくみ②」。前時の内容と同様に国際貿易について学ぶ時間である。なお毎時間、前時の最後に、本時の授業プリント（**【資料１】、25ページ**。穴埋め箇所はあるが教員の手書きによって埋まっている）とテーマに関わる新聞記事が生徒各自に配付されており、生徒は事前に読んでくることになっている。本時の新聞記事は、ブレトンウッズ体制と円高・円安による日本の輸出入への影響に関わるものである。

①教員によるレクチャー（15分）

【写真①】日野田先生の授業テーマに関するレクチャー　生徒へのインプットの授業場面となる。プリントと連動するパワーポイントのデータを使ったレクチャーとなっている。

まずは、日野田先生によるパワポでのレクチャーである。レクチャーの冒頭で、２つの問いが提示された。

問①：　日本にとって円安と円高のどちらが望ましいか？

問②：　国は為替相場に介入するべきか？

続いて、アメリカによる固定相場制度（ブレトンウッズ体制・スミソニアン体制）の放棄に至る背景と変動相場制度における円高・円安のしくみについて簡潔かつ具体例をふんだんにあげながら説明が進んでいく。

一方、生徒は日野田先生の話を聴きながら、授業プリントを確認しつつ、大学ノートにポイントとなるところをメモしていく。教員はポイントとなるところでは、しっかりとノートテイクする時間を確保していた。なお、大学ノートには配付されたプリント類が順番に貼り付けられていた。

②グループワーク（５分）

次に、生徒は３名１組になりグループワークに取り組む。

スクール形式であった机の配置から、日野田先生の指示によってグループがつくられ、机を向き合わせて生徒同士の話し合いが始まった。毎時間定型のワークシート（**【資料２】、26ページ**）を使って、日野田先生によるレクチャーの内容の確認や、本時の授業テーマの「問い」について話し合う。当日は、「円高・円安のメリット・デメリット」の議論が行われた。自分の考えとは違う立場の意見を聞いて、さらに考えを深める活動の場となっていた。

【写真②】生徒３名１組でグループワーク　グループ構成はコンパクトで、話しやすい関係性に配慮されていた。

③全体ディスカッション（20分）

次に、本時の問いである「問①：日本にとって円安と円高のどちらが望ましいか？」に基づいて、生徒たちは円高派と円安派に分かれて、討論形式に机を移動する。ここではグループ討議をへて、個人個人が考えた立場に基づいた判断となっている。取材当日は、円高派12名、円安派11名で討論が始まった（途中で円高派１名が円安派へ移動）。

【写真③】討議写真　円高派と円安派が向き合って分かれた教室。意見を出し合う雰囲気づくりができている。

日野田先生の進行で、円高派から意見が述べられ、続いて円安派が意見を述べた。両派からの意見が一定程度出たところで、日野田先生から「インバウンド消

【写真④】教員が発言者をメモする様子

費はどうなのか？」という、次なる問いかけがあった。さらに、両派それぞれから質問が飛び交い、討論は中断・沈黙することなく続けられた。最後に、日野田先生からのフィードバックが、最近のニュース情報や自身の見解も交えながら行われた。

なお、日野田先生は司会進行だけではなく、発言した生徒を名簿にチェックしていた。詳細は後述するが、成績の内訳に平常点があり、その中に「発言」点があるからである。

④コメントを書く（10分）

【写真⑤】コメント記入場面

最後に、生徒は、ワークシートにコメントを書くことに取り組む。「問①：日本にとって円安と円高のどちらが望ましいか？」について、自分なりの意見をまとめる時間である。生徒たちはもとのスクール形式に戻り、静かにコメント記入を行っていた。

ワークシートは、授業終了時もしくは授業終了後のその日のうちに回収・提出することになっている。

50分間の授業において、緩急のメリハリがついた展開は、生徒が授業に取り組む姿勢とともに印象に残った。

3．本授業の特徴

本授業の特徴として、

i）適度な動きがある

ii）毎時間同様の授業構成

iii）正解のない問題に取り組む

の３点があげられる。

ⅰ）適度な動きがある

机の配置は、通常のスクール形式を基本としながら、少なくとも３回動かす機会がある。

１回目はグループワークに入るとき、

２回目は全体ディスカッションに入るとき、

３回目はコメントを書く時間にもとのスクール形式に戻すときである。

毎時間同様の授業構成で行っているので、年度の序盤にきちんと指導・誘導していけば、それ以降は最低限の指示で生徒たちは動くようになっていく。授業にメリハリがつくとともに、生徒たちにとっては次の行動がわかるので、安全・安心な学びの場づくりにもつながるのであろう。

ⅱ）毎時間同様の授業構成

①教員によるレクチャー（15分）

②グループワーク（５分）

③全体ディスカッション（20分）

④コメントを書く（10分）

という授業構成は、順番に多少の入れ替えはあるが、年間を通じて同じサイクルを繰り返している。

その理由は、「（本時を）特別な授業にしない」ことで、この授業構成が〈現代社会〉の「当たり前」になっていくことを目指しているという。そのためには、繰り返しても「飽きない」テーマ（問い）を教科書の内容に沿って設定していく必要がある。したがって、教員側は「問い」に対して並々ならぬこだわりを持って設定している。

ⅲ）正解のない問題に取り組む

問いを立てる際、前提となるのが「教員が用意した問いによって、生徒がディスカッションをしていく中で、知らず知らずにそのテーマの本質に近づくものになっているか？」ということだという。

例えば、死刑制度についての問いとして

「問①：国家は国民の命を奪う権限をもっているのか？」
「問②：国民はそれ程の権限までも付託したのか？」
という問いを立てるとする。

この問いについては、【正解】となる明確な答えがあるわけではない。もちろん、教員が正解を与えられるわけではないから、生徒たちと「一緒に考えよう」と言えるだろう。簡単に結論が導き出せないからこそ、考えて、自分なりの答えを導きだすことに取り組めるのである。

教員は「オーセンティックな問いの設定者」として授業のカリキュラムデザインを行い、ディスカッションの場ではファシリテーターとして議論の活性化を促す存在として、その場に立ち会うのである。

4．授業デザインの特徴

〈現代社会〉の1年間の授業デザインの特徴として、
　ⅰ）多様な視点からの成績づけ
　ⅱ）パッケージ化された授業
　ⅲ）教員のマインドの涵養
の3点があげられる。

ⅰ）多様な視点からの成績づけ

ここまで紹介してきたように、授業の構成上、データ・知識の記憶力のみを求めるのではなく、グループワーク、全体ディスカッションやコメント記入において、知識を活用する場がふんだんに盛り込まれた授業となっている。そのため、評価、つまり成績づけにおいても、定期試験の結果だけではなく、日頃の授業の場を受けての活動も、その対象としている。成績の内訳は次の通りである。

＊定期試験（50％）
＊平常点
　・ノート（10％）
　・発言（10％）
　・コメント記入（30％）

まず、定期試験では、一問一答方式の問題70％、記述式の問題30％、としてそれぞれ出題される。

前者で基本的な知識の定着を測り、後者では全体ディスカッションで扱ったテーマについて、「賛成」「反対」それぞれの立場での意見を20字以上で記述させる問題が提示される。

「他人と議論することで、他人の意見を聞きつつも、自分の意見を伝えられるようになり、結果自分事化して欲しい」という授業デザインの前提ともつながる問題であろう。

次に、平常点では、日頃から使っているノートがきちんと整理されているかどうか、毎授業で提出するワークシートにコメントがきちんと記入されているかどうかで評価される。また、発言点は、先述のように、全体ディスカッションで意見を表明したかどうかを毎時間チェックしていく。

ここで特徴的なのは、毎時間必ず発言することを強要するのではなく、生徒自身がテーマによって発言しやすいときに発言することを奨励していることである。テーマによっては理解が追い付かず他人の意見を聴いているのが精一杯であったり、体調がすぐれなかったりしているときなどは、無理に発言することは求めないようにしているという。

前回の授業では発言できなかったが、今回の授業で何回か発言すれば、前回分の発言点はカウントされるしくみになっているので、生徒も機を見て発言するようになっていく。生徒にとっては、発言できるときにすれば良いので、安心してディスカッションの場にいられるわけである。

ⅱ）パッケージ化された授業

〈現代社会〉の授業は、日野田先生（専任教諭）、仙波先生（当時、非常勤講師）、小川先生（当時、非常勤講師）の３名で全クラスを担当している。授業構成も同じ流れで実施し、パワポやプリント類も共有している。

【写真⑥】〈現代社会〉を担当されている３人の先生方

こうすることで、複数名で担当す

る授業においても、誰もができる「授業のユニバーサルデザイン化」を目指しているという。それでも授業間・担当者間で生まれる「差」について、毎週担当者で集まり検討する時間をとることで、授業スキルや教材研究の共有につなげている。

なお、取材当日、日野田先生の授業とともに、仙波先生の授業（理系クラス）も見学させていただいた。テーマは、日野田先生の授業と同様に、「貿易のしくみ②」であった。

日野田先生と仙波先生の授業での違いは、レクチャーとグループワークの順序とグループワークの方法であった。

仙波先生は、「問①：日本にとって円安と円高のどちらが望ましいか？」について、生徒同士で理解できている部分とそうではない部分を確認させた上で、レクチャーで補足していく流れであった。またグループワークの方法は、3名1組といった形で明確な指示を出してグループ化するのではなく、自由に立ち歩き、何名かで集まったり、ひとりで配付プリントを読み直したり、自由に時間を使っていた。

【写真⑦】仙波先生のグループワーク　生徒たちが思い思いに活動している様子がわかる。

仙波先生によると、生徒の様子やテーマによって、授業構成の順序を変えたり、グループ構成を変えたり（自由ではない場合は4名1組が基本）しているという。

一定程度パッケージ化された授業ではあるが、目の前の生徒の様子によって、手法の使いどころを変えていくことは教員の観察力が問われるところである。この力を養う必要があると同時に、その力を身につける前提となるのが、教員のマインドであろう。

iii）教員のマインドの涵養

教員は、問いを立て、その問いと向き合うための教材研究を行い、必要な知識を生徒たちにレクチャーし、ディスカッションのファシリテーターとして授業の場に存在する。このような授業デザインを行う教員側は、〈現代社会〉という授業科目を超えた圧倒的な知識が必要となる。しかし、それは知識が十分にある人としてのこれまでの教員像ではなく、生徒とともに本気で考える中で教員も「わからない」と言えるまでの学びの場をつくることを目指すものである。

〈現代社会〉の授業の前提として、授業は「学ぶ」場でなければならないが、「学び」の必要条件は「楽しい」ことであるという。新たな発見があったり、考えたことがないことを考えたり、他人と関わったり、成長を実感したりすることなどが、「学び」と「楽しい」が共存する機会として考えられる。このような機会をつくっていくためには、目の前の生徒を観察する力が必須であり、生徒に対して教員がどのように関わっていくかも学びの場づくりにおいて重要なポイントとなる。このような「学び」「楽しい」が共存する場をつくるためには、教員自身が「楽しめる」授業にしていく必要もあるという。つまり、教員と生徒がともに議論の場を共有し、教員にとっても新発見があるのが理想的なのである。

以上のような授業のあり方や教員としてのあり方については、〈現代社会〉を担当する３名の先生方で共有されている。このようなマインドの共有によって、誰もができる「授業のユニバーサルデザイン化」が促進されるのであろう。

5．新科目「公共」とのつながり

誰もができる「授業のユニバーサルデザイン化」は、学習指導要領（平成30年告示）で公民科の必履修科目として新設される「公共」においても課題となるのではないだろうか。

現行の〈現代社会〉と新設の公共では、授業内容が重なるところが多くある。さらに、諸課題（主題）を設定し、見方・考え方に着目し、思索・追究や問題解決策の提案などといった学習活動が、学習指導要領では求められている。今回取材した〈現代社会〉の授業実践は、「公共」の授業デザインモデルの一つとしてつながることは間違いなかろう。

なお、同校では、文系の選択科目として、学校設定科目《現代の社会》（３単位）を設定している。この授業の目的は、定期試験などのペーパーテストでは測れないジェネリックスキル（汎用的能力）の獲得、学びのモチベーションの向上を通じて、「学び方を学ぶ」ことにあるという。《現代の社会》では、多くの外部団体との協働授業も積極的に実施している。

取材当日は、第二東京弁護士会との協働授業が行われていた。同会との協働授業は３コマにわたって行われ、校内でバイオリンが壊れてしまった事例について、ロールプレイ形式の民事模擬調停が実施されていた。

《現代の社会》の授業では、第二東京弁護士会のほか、外部講師として卒業生である俳優との協働での演劇ワークショップなど、その道のプロとの学びの場づくりが積極的になされている。なお〈現代社会〉の授業でも東京大学の大学院生との協働で「哲学対話」が８コマ設定されている。

実社会との関わりをリアルに体験しながら学ぶ場をつくることで、学習指導要領が求めている開かれた学習活動を促進させるとともに、学校での授業が学びのきっかけとして機能することにもつながっていく。

６．授業の「価値」

「目指すべき授業のあり方とは何か？」「授業の場を通じて生徒にどのような力を培いたいか？」さらに、「定期テスト、評価、大学受験がなかったとして、自分の授業に価値はあるのか？　生徒は聞いてくれるのか？」という問いを、日野田先生は念頭に置いて授業デザインをしているという。

授業の「価値」とは何かを考えることは、教員が授業デザインをしていく上で、自問自答することは私（皆川）自身もよくある。

この授業実践より前、2018年12月に３名の先生と私で２学期までの授業の振り返り会を実施した。

ｉ）簡単な授業内容の紹介（日野田先生）

ii）授業で起こった事実の掘り起こし

iii）ii）に対する感想・意見

iv）ii）・iii）に対する仮説を考える（〜は〜ではないか？）

上記ｉ）〜iv）の流れを通じて、お互いの授業方法や状況について、私がファシリテートしながら共有した。日野田・仙波・小川３先生の間で、お互いに知らなかった意外なこととして、例えばグループワークの人数があげられる。

日野田先生は３名１組、仙波先生は４名１組もしくは自由、小川先生は６名１組でグループが組まれていることが今回の振り返りで判明した。些細なことではあるが、その意図を共有することができた。

日野田先生は「４名以上にすると５分という短い時間でのグループワークで話さない生徒が出てしまう」と話し、仙波先生は「４名１組を基本としながら、立ち歩きをして自分たちなりに考えて議論をして欲しい」と話していた。この振り返りを受けて小川先生は、３学期から３～４名１組のグループワークに変更し、その意図を共有した上でのブラッシュアップが図られている。授業の構成要素それぞれに意図を持って進めていくことは、目の前の生徒を観察しながら変更していくことが必要である。「グループワークは３～４名がベストである」といった意図がなく手法だけを取り入れては意味がない。

【写真⑧】振り返り会の様子

授業の「価値」を考える上で、授業を振り返ることは必須のことであり、同科目・複数名担当の場合は、担当者間での振り返りも必要となっていく。日野田・仙波・小川３先生の間では、毎週１回は必ず経過報告や教材研究の共有がなされていることで、授業の質を担保することにつながっている。

今回取材した〈現代社会〉の授業では、「他人と議論することで、他人の意見を聞きつつも、自分の意見を伝えられるようになり、結果自分事化して欲しい」「自分で問いを設定し、自分で答えを見つけられるアクティブラーナーを育てたい」という明確な目的が設定されている。教員は、これらの目的と常に向き合いながら、スキルアップとマインドセットの見直しを繰り返していくことで、「価値」ある授業づくりにつなげていけるのではないか。今回取材した３名の先生方は、「学び」と「楽しい」が共存する場づくりと対話を繰り返す、まさにアクティブラーナーであった。

最後に、ある生徒さんに〈現代社会〉の授業についてインタビューした内容を紹介して終わりたい。

「議論が難しくなったり、テーマが難しくなったりすることもあるが、議論を聴いているだけで学びがあり面白い。また、自分の意見を言うことによって理解が深まり、自分自身の成長につながっていることを実感している。特に、哲学的に物事を考える時間が印象的であった。ふだん絶対に考えることがない問いと向き合うことはとても楽しい。」

同生徒に今後の進路・キャリアについて訊くと、歯科医になりたいとのことだった。「患者さんと向き合うときに他者との対話は必要なスキルであり、〈現代社会〉の授業はこれからのキャリアにもつながりそうである」と。

文系・理系に関係なく、全生徒が〈現代社会〉の授業の場で学ぶ意義が、生徒のコメントからうかがえる。

◆訪問先データ

聖学院中学校・高等学校（私立・男子校）

〒114-8502　東京都北区中里 3-12-1

TEL：03-3917-1121（代表）

FAX：03-3917-1123

HP：https://www.seig-boys.org/

【資料1】授業プリント

穴埋め箇所が、教員の手書きの文字で埋められている。

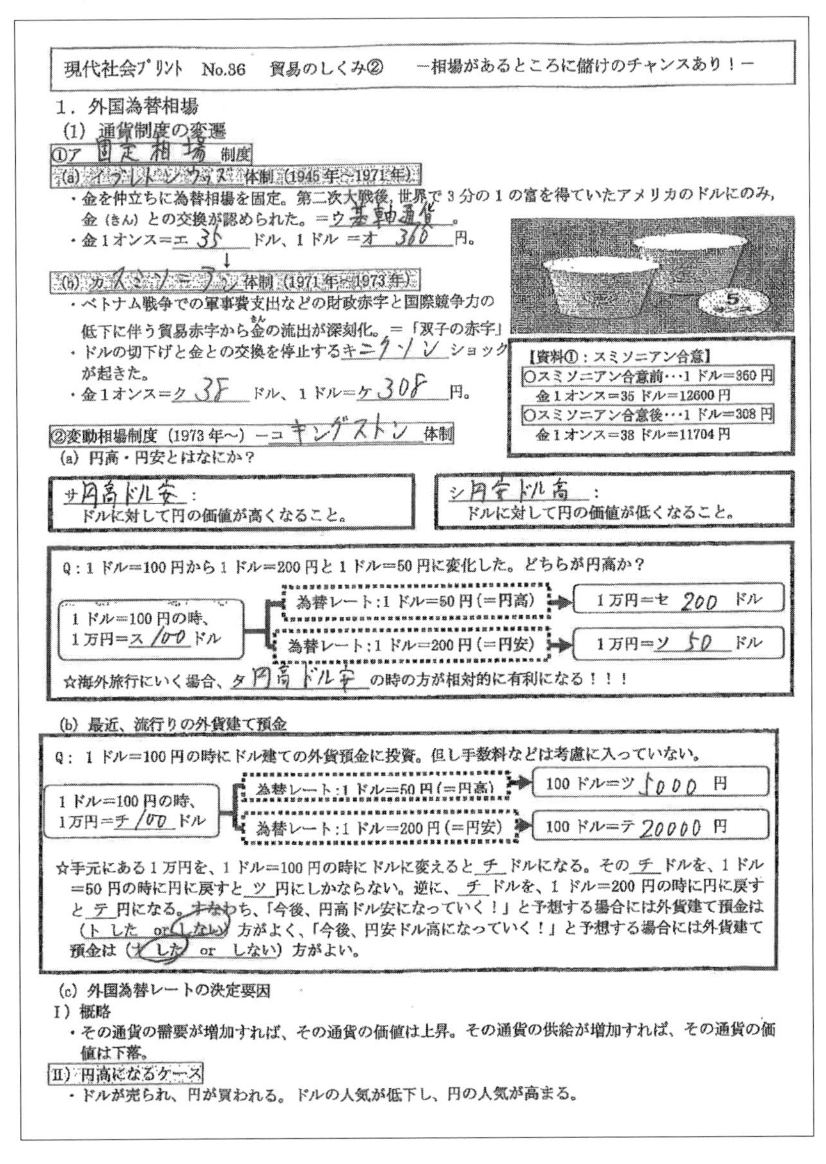

現代社会プリント　No.36　貿易のしくみ②　－相場があるところに儲けのチャンスあり！－

1．外国為替相場

(1) 通貨制度の変遷

①ア 固定相場 制度

(a) イ ブレトンウッズ 体制（1945年～1971年）

・金を仲立ちに為替相場を固定。第二次大戦後，世界で3分の1の富を得ていたアメリカのドルにのみ，金（きん）との交換が認められた。＝ウ 基軸通貨 。

・金1オンス＝エ 35 ドル、1ドル＝オ 360 円。

↓

(b) カ スミソニアン 体制（1971年～1973年）

・ベトナム戦争での軍事費支出などの財政赤字と国際競争力の低下に伴う貿易赤字から金（きん）の流出が深刻化。＝「双子の赤字」

・ドルの切下げと金との交換を停止するキ ニクソン ショックが起きた。

・金1オンス＝ク 38 ドル、1ドル＝ケ 308 円。

【資料①：スミソニアン合意】

〇スミソニアン合意前…1ドル＝360円
金1オンス＝35ドル＝12600円

〇スミソニアン合意後…1ドル＝308円
金1オンス＝38ドル＝11704円

②変動相場制度（1973年～）－コ キングストン 体制

(a) 円高・円安とはなにか？

サ 円高ドル安 ：ドルに対して円の価値が高くなること。

シ 円安ドル高 ：ドルに対して円の価値が低くなること。

Q：1ドル＝100円から1ドル＝200円と1ドル＝50円に変化した。どちらが円高か？

1ドル＝100円の時、1万円＝ス 100 ドル
→ 為替レート：1ドル＝50円（＝円高）→ 1万円＝セ 200 ドル
→ 為替レート：1ドル＝200円（＝円安）→ 1万円＝ソ 50 ドル

☆海外旅行にいく場合、タ 円高ドル安 の時の方が相対的に有利になる！！！

(b) 最近、流行りの外貨建て預金

Q：1ドル＝100円の時にドル建ての外貨預金に投資。但し手数料などは考慮に入っていない。

1ドル＝100円の時、1万円＝チ 100 ドル
→ 為替レート：1ドル＝50円（＝円高）→ 100ドル＝ツ 5000 円
→ 為替レート：1ドル＝200円（＝円安）→ 100ドル＝テ 20000 円

☆手元にある1万円を、1ドル＝100円の時にドルに変えると チ ドルになる。その チ ドルを、1ドル＝50円の時に円に戻すと ツ 円にしかならない。逆に、 チ ドルを、1ドル＝200円の時に円に戻すと テ 円になる。すなわち、「今後、円高ドル安になっていく！」と予想する場合には外貨建て預金は（ト した or しない）方がよく、「今後、円安ドル高になっていく！」と予想する場合には外貨建て預金は（ナ した or しない）方がよい。

(c) 外国為替レートの決定要因

Ⅰ）概略

・その通貨の需要が増加すれば、その通貨の価値は上昇。その通貨の供給が増加すれば、その通貨の価値は下落。

Ⅱ）円高になるケース

・ドルが売られ、円が買われる。ドルの人気が低下し、円の人気が高まる。

【資料2】話し合いのプリント

毎回定型のプリントとなっている。

___月___日___曜日　プリントNo.　36　テーマ（　貿易のしくみ②　）

高Ⅱ―（　　）組（　　）番　氏名＿＿＿＿＿＿＿＿

目標　学習目標　①自分の意見を持てるようになる（＝考える)。
②自分の意見を他人に伝える（＝行動する)。
態度目標　①テーマについて事前に調べてくる。
②本気で自分の意見が持とうとする（＝途中であきらめない)。
③自分の意見を積極的に人に伝える。
④全体討論のメモをとることができる。
⑤教室内に安心・安全の場をつくる。

問①（　日本にとって円安と円高のどちらが望ましいか？　）

【賛成・肯定・「できる」】の立場の人が主張するであろう意見、メリット	【反対・否定・「できない」】の立場の人が主張するであろう意見、デメリット

※「どうしてそうなるの？」「そうするとどうなるの？」「何でそれが重要なの？」

論点になりそうな項目は？

①＿＿＿＿＿＿＿＿

②＿＿＿＿＿＿＿＿

③＿＿＿＿＿＿＿＿

問②（　国は為替相場に介入するべきか？　）

問①＋問②を踏まえた論点	国はどこまで外国為替に介入するべきか？

「今日新たにみつけたこと、知ったこと、考えたこと

書くテーマ　（　日本にとって円安と円高のどちらが望ましいか？　）

（A・B・C・D・E・F）

次回の授業プリント配布＋新聞プリント配布

授業探訪②

ジグソー法で自走した学びにつながる〈世界史B〉の授業

～個々の生徒を見る目が冴える！～

探訪先　岩手県立大船渡高等学校[1]
梨子田　喬
取材・執筆者　皆川雅樹
取材日　2019年３月

０．授業探訪の目的と目標

第２回目の授業探訪。今回は〈世界史Ｂ〉の授業を探訪した。

〈授業探訪の目的〉
　学び続ける教員たちがつくる学びの場との対話を試みる。
〈授業探訪の目標〉
　①授業の特徴に触れることができる。
　②マインドを含めた授業デザインについて考えることができる。
　③教員にとっての授業の「価値」について考えることができる。

⑴梨子田先生は、2020年度より岩手県立盛岡第一高等学校に異動している。

1．今回の授業探訪先の授業構成

第2回目の授業探訪先は、岩手県立大船渡高等学校（全日制）の〈世界史B〉（以下、科目としての世界史Bの授業には〈　〉を付す）の授業である。この〈世界史B〉は、高校2年生の授業科目として設定されており、文系・理系それぞれが選択する。

同校の地歴・公民科目の内訳は、次の通りである。

1年：現代社会（2単位）
2年：
　文系　地理B・世界史B・日本史Bから選択（3単位）
　　　　地理A・世界史A・日本史Aから選択（2単位）
　倫理（2単位）
　理系　地理B・世界史B・日本史Bから選択（3単位）
　　　　地理A・世界史A・日本史Aから選択（2単位）
※2年では、地理B・日本史Bを選択した場合は世界史A、世界史Bを選択した場合は地理Aもしくは日本史A、となる。
3年：
　文系Ⅰ　地理B・世界史B・日本史Bから選択（5単位）
　　　　　政治経済（2単位）
　文系Ⅱ　地理B・世界史B・日本史Bから選択（5単位）
　　　　　地歴探究［学校設定科目］（1単位）
　理系　　地理B・世界史B・日本史Bから選択（4単位）
☆取材時でのカリキュラム

今回取材させていただいた梨子田喬先生（【写真①】）は、2年生の〈世界史B〉をご担当されていて、文系52名、理系27名がそれぞれ選択している。

梨子田先生の〈世界史B〉授業は1コマ50分間を次のように構成している。

【写真①】〈世界史B〉を担当する梨子田先生
「学び方の多様性、視点の多様性。理解の多様性。多様であることを大切にしながら、知識理解とともに資質・能力を磨く授業、教師が語るのではなく生徒自らが気づき歴史を語る授業に取り組んでいます。」

①３名１組のチーム結成・配付プリント確認・役割分担（約５分）
②エキスパート活動（約30分）
③ジグソー活動（約12分）
④まとめのレクチャー（約３分）

①〜④と単純に構成を紹介したが、このプロセスの中に複雑なしかけがたくさん盛り込まれている。なお授業構成では、ジグソー法(2)をベースとしたものを、2017年度より実施しているという。

2.「異民族と唐宋について」考える授業

2019年３月、梨子田先生が担当する〈世界史Ｂ〉の文系52名のクラスにお邪魔させていただいた。52名に対する一斉授業なので、ホームルーム教室では入りきらず、視聴覚室を使用しての授業となっていた。

本時のテーマは「異民族と唐宋について」。中国史の唐宋変革期を中心とした中華思想や異民族との関係に関わる内容である。

①３名１組のチーム結成・配付プリント確認・役割分担（約５分）

【写真②】教室全体の雰囲気。通常教室の机・椅子とは違い、長机・パイプ椅子という「非日常空間」での学びは効果的！？

まずは、前時と同じ３名１組のチームが結成されて着席する（【写真②】）。そして、授業で使用するプリントが配付された。プリントには、Ａ・Ｂ・Ｃそれぞれのグループへの設問とヒントが書かれている（**【資料１】、39ページ**）。同じグループの３名でＡ・Ｂ・Ｃのどれを担当するかを検討し決定する。

⑵東京大学 CoREF が開発した「知識構成型のジグソー法」のこと。詳細は http://coref.utokyo.ac.jp/archives/5515　などを参照されたい。

②エキスパート活動（約30分）

次に、最初のチームは一時解散し、Ａを担当する者、Ｂを担当する者、Ｃを担当する者が、分担ごとにそれぞれ３～４名ずつでグループを結成する。各グループの設問文を確認した上で、その下にある問題風キーワード・キーセンテンスの意味を、相談・検討しながら明らかにしていき、さらに下にある「問」に答えられるように準備していく（【写真③】）。

【写真③】１年間、この形式で学んできたこともあり、グループ結成の動きもグループ内での話し合いもスムーズに進む

梨子田先生は、各グループをぐるぐると回りながら、「中華思想の意味はわかりますか？」のように介入しつつ、時にその場でヒントになるようなレクチャーもしていく（【写真④】）。さらに、理解が深まっていない用語などがある場合は、「ミニ講義をするので黒板の前に集まってください」と言い、黒板を使ってレクチャーを行う。この時は「冊封体制」についてミニ講義がなされていた（【写真⑤】）。また、特に言葉による説明なく、内容のヒントになりそうなことも板書していく（【写真⑥】）。

【写真④】各グループに介入する梨子田先生。

【写真⑤】「冊封体制」についてのミニ講義中

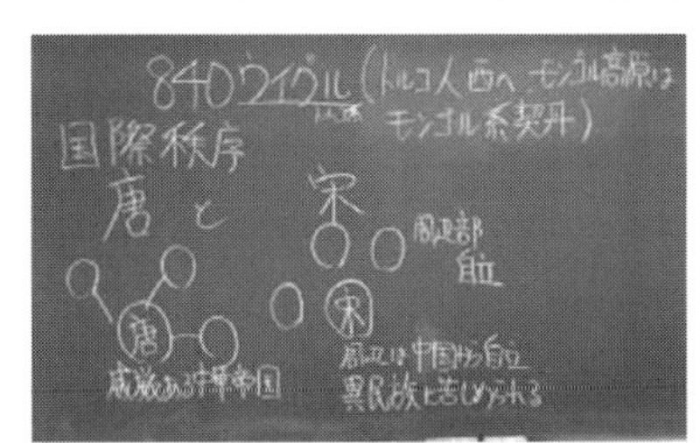

【写真⑥】さりげなく板書された内容。

③ジグソー活動（約12分）

【写真⑦】チーム内での説明。エキスパート活動のときよりも、静かにお互いの説明に耳を傾ける。

その次に、最初のチームに戻り、エキスパート活動で深めた内容について、A・B・Cそれぞれの担当者から説明が行われる。お互いにメモしながら内容の理解を進めていく（【写真⑦】）。

④まとめのレクチャー（約３分）

最後に、Cグループの資料として提供されていた柳宗元「羆説」（『柳河東集』）の内容と本時の内容との関係について、簡単に説明があった。「内を善くせず、外を恃む者、未だ羆の食とならざることあらざるなり」という部分と、唐宋変革期における中華世界と異民族との関係をどう考えるかという問題提示がなされ、授業は終了した。

３．本授業の特徴

本授業の特徴として、

ｉ）適度な動きがある

ⅱ）毎時間同様の授業構成

ⅲ）教科書を越える内容が適度に盛り込まれる

の３点があげられる。

ｉ）適度な動きがある

選択授業ということもあり、ホームルーム教室から視聴覚室への移動という動きから始まる。先生が生徒たちの待つ教室へ移動するのではなく、生徒たちが先生の待つ教室に移動することで、あらかじめ授業の場を整えておくことが可能となる。

授業中は、エキスパート活動に入る前とジグソー活動に入る前に、それぞれ移動がある。また、エキスパート活動中は、先生のレクチャーを受けたり、他のグループに教えてもらったりするなど、動きに制約がない。生徒たちにとって自由度のある空間が、安全・安心な学びの場につながるのであろう。

大学の授業では、52名という人数は決して多い人数ではないが、高校での普段の授業ではかなりの大人数である。そんな中で、〈世界史Ｂ〉の授業を成立させていくためには、先生と生徒たちとの良好な信頼関係の形成がなされているのではなかろうか。

ⅱ）毎時間同様の授業構成

①３名１組のチーム結成・配付プリント確認・役割分担（約５分）、②エキスパート活動（約30分）、③ジグソー活動（約12分）、④まとめのレクチャー（約３分）という授業構成は、時間幅の多少の違いはあるが、年間を通じて同じサイクルを繰り返す。同日に取材した理系クラスも、同じサイクルで授業が展開されていた。

②のエキスパート活動中に自分たちでとことん考えて知識を整理していくこともできたり、先生のレクチャーが必要なときに聴けたりと、ただのグループワークだけではないところが、生徒たちの信頼を得ているポイントかもしれない。配付されたプリントの内容のＡ・Ｂ・Ｃの選択、グループワーク時のメンバー選択など、自分たちで選択することで責任感が生まれ、生徒たちの自走がみられる。ここがジグソー法を使う上でのポイントである。すべてが先生の指示によって構成されていないところも、安全・安心な学びの場につながるのであろう。

ⅲ）教科書を越える内容が適度に盛り込まれる

今回取材した授業内容において、Ａ・Ｂ・Ｃ各グループに示された設問文には、Ａ「教科書ベースちょっとはみ出し」、Ｂ「異民族の視点から中国史をみる」、Ｃ「難しいけど漢文と世界史を同時に学んじゃいたい」とそれぞれ付け加えられている（**【資料１】**）。つまりＡは、教科書の内容で理解がほぼ可能であるが、少しだけそれ以上の問題が書かれている。Ｂは、教科書や副教材の内容で理解可能であるが、問題の主語が異民族になっており、視点の持ち方が求められる。Ｃは、Ｂの異民族の視点に加えて柳宗元の漢文の意味との照合が必要となり、国語（漢文）との合教科的な内容になっている。

そしてそれぞれの「問」では、表現方法は違うが、実は説明すべき内容はほぼ同じものになるようなしかけになっていることは、世界史がご専門の読者の先生方はすぐにお気づきになるのではないだろうか。ここでは、以下の通りであった。

A「宋と遼の関係について、燕雲十六州や澶淵の盟の内容に触れて説明しなさい」

B「「安史の乱」「黄巣の乱」以後のモンゴル高原における異民族の動向について説明しなさい」

C「遼について、建国者、統治体制、中華世界（五代の王朝や宋）との関わりを中心に説明せよ」

教科書の内容を適度に越える部分を盛り込むことによって、多様な視点で物事を考えるように導いているのである。

4．授業デザインの特徴

〈世界史B〉の1年間の授業デザインの特徴として、

ⅰ）考え方を学べる授業

ⅱ）ICTを活用した授業外学習

ⅲ）観点別評価を意識した定期試験問題

の3点があげられる。

ⅰ）考え方を学べる授業

配付プリント（**【資料1】**）のA・B・C各グループへの指示は、ア）設問文、イ）ヒントとなる問題風キーワード・キーセンテンス、ウ）問（題）、という構成になっている。これらの内容に一工夫を加えて、知識習得をベースとした思考力・判断力・表現力の育成にも努めている。

ア）設問文について　　例えば、複眼的視点で**【資料2】**のようなものを提示する。イスラーム（世界）の歴史について、スンナ派とシーア派、それぞれの視点でジグソー法を用いて考えるパターンである。

イ）ヒントとなる問題風キーワード・キーセンテンスについて　　①対比＆否定語に気付けるか型、②資料の読解＆選ばせ型、③接続詞で論理構築（誘導）型、④オープンクエスチョン型、⑤わけのわからない外国語型、⑥分類型、⑦暗号化型＆そういえばで気づかせる型、⑧指名させる型、⑨ギャグも生徒に言わせる型、など配置もバリエーション豊かで、生徒を思考させる仕掛けに富んでいる（**【資料 3 】**）。

ウ）問（題）について　　前述のとおり、問（題）は、表現方法は異なるが同じような内容で整理できることになっている。ただ、ア）や　イ）に多くの工夫を凝らし、様々な視点や考え方に基づいて、歴史の内容を学ぶ方法を身につけることが可能となっているので、それをふまえて、ウ）に取り組むこととなる。

ⅱ）ICT を活用した授業外学習

授業外の生徒たちの活動として、ア）知識注入のためのスマホの活用、イ）知識の整理のための「Historylab」という取り組みが用意されている。

ア）知識注入のためのスマホの活用　　例えば、Google フォーム上で梨子田先生が作成した問題（**【資料 4 】**のように QR コードから問題に入る）を解くことでただ暗記するのではなく、考えながら調べながらの復習や暗記が可能となっている。

イ）知識の整理のための「History lab」（**【資料 5 】**）
生徒たちが授業中に考えた内容を、A 4白紙に授業外で整理する。時間をかけさせない、教科書や副教材と同じまとめ方は禁止、きたなくても自力で書くなどのルールが設けられている。生徒たちは手書きで作成後、授業支援アプリである「ロイロノート・スクール」（https://n.loilo.tv/ja/）を通じて書いたものを写真に撮って提出する。そして、梨子田先生がそのアプリ上で添削して生徒に返却している。このアプリ上で行うことによって、家庭学習へのリアルタイムでの対応も可能であり添削の負担も軽減されているという。

ⅲ）観点別評価を意識した定期試験問題

授業内外での工夫のように、定期試験においても多くの工夫がなされている。問題の出題方法は、いわゆる「観点別評価」に基づき、「知識理解」「思考判断表現」「資料活用の技能」「関心意欲態度」に則した出題を心がけているという。

「知識理解」の問題は、一問一答式・穴埋め式が主である。「思考判断表現」の問題は、大学センター試験や一般入試（マークシート方式）に出題されるような選択式や論述問題が主である。「資料活用の技能」では、世界史に関わる絵・地図・写真・史料訳文などからの問題が主である。「関心意欲態度」では、例えば

世界史Ｂ

注意事項

♠ 知識理解　40点
♣ 思考判断表現　20点
♦ 資料活用の技能　20点
♥ 関心意欲態度　20点

問題用紙は全部22ページまであります。問題をもらったら、ページを確認して問題用紙と解答用紙に記名して下さい。
必ずしも第一問からやらなくてよい。

組　番　名前

【定期試験の表紙】 問題数70問、22頁におよぶ。一定程度の知識理解とともに情報処理能力や表現力も問われる。

「あなたがもし15世紀の異端審問官だったらコロンブスをどのように告発するか」「あなたはペリクレスです。サラミスの海戦後の政治状況の中で市民に対して演説をすることになった。その原稿を書きなさい。書き出しは「アテナイ人諸君！」で始めること」などのように、最低限の知識に紐付けが求められながらも、明確な正解がない問題が主である。

このように、定期試験における様々な出題形式において、生徒たちはどのパターンが得意なのか苦手なのかが明確になり、知識理解の方法の改善や大学入試問題の演習にもつながるのであろう。

以上のように、授業内外で生徒の主体的な動きを促すとともに、それに見合った到達度や評価が、生徒たちにも梨子田先生にも見えるようにするために、ICTの活用や定期試験が機能していると言えよう。

5．新科目「世界史探究」とのつながり

梨子田先生の〈世界史Ｂ〉における授業内での設問文や問（題）の配置方法や定期試験における観点別評価の視点は、学習指導要領（平成30年告示）における「世界史探究」においても（「日本史探究」においても）参考になるのではなかろうか。

内容に関わるところでは、「Ａ．世界史へのまなざし」で、教師による世界史学習の意味・意義に気付かせ、動機付けを図ることが求められる。梨子田先生の実践では、ジグソー法による授業進行と配付プリントの工夫や授業外におけるICTの活用による達成感の醸成などがあり、世界史学習の意義と動機付けがなされている。「Ｂ．諸地域の歴史的特質の形成」「Ｃ．諸地域の交通・再編」「Ｄ．諸地域の結合・変容」「Ｅ．地球世界の課題」では、各時期を読み解くために教

師による問いの設定と生徒自身による問いの設定がそれぞれ求められる。「世界史探究」は、これまでの〈世界史B〉と内容構成にほぼ変化はないが、単位数が減るなど、これまでとは違う環境（カリキュラム）となる可能性があり、内容の焦点化・重点化の匙加減がかなり大切となる。梨子田先生の実践では、網羅的に内容を扱いつつ、設問文や問（題）の配置の工夫によって焦点・重点となる主題が明確になっている。さらに、主題によっては正解が必ずしも明確ではない設問も用意されており、生徒による探究につながるしかけも盛り込まれている。

6．授業の「価値」

梨子田先生は、世界史のような教科での実践だけではなく、大学入試における小論文指導や〈総合的な学習の時間〉における探究型授業「大船渡学」の実践およびコーディネーターとしてもご活躍である[(3)]。

梨子田先生は学びの場をつくる上で、「参画のはしご」という考え方を大切にしている、という。ニューヨーク市立大学のロジャー・ハート教授が提唱するこの考え方は、子どもの学習活動における参画の度合いとそのあり方を示すものである（下図）。

「偽り参画」から大人主導の参画を越えた「子ども主導の活動に大人も巻き込む」状態をめざす。

教師の指示・指導ではなく、大人への忖度のためでもなく、生徒自身がやりた

①子ども主導の活動に大人も巻き込む
②子ども主導の活動
③大人主導で意思決定に子どもも参画
④大人主導で子どもの意見提供のある参画
⑤与えられた役割の内容を認識した上での参画
⑥形式的参画
⑦お飾り参画
⑧偽り参画

⑶なお、「大船渡学」については、大正大学『地域人』27号（2017年）、リクルート『Career Guidance』Vol.419（2017年）・Vol.425（2018年）等で紹介されている。

いことにどのように大人も巻き込んでいくか。教師主導の指示・アドバイスで生徒が動かされるのではなく、生徒の主体性を育むための学びの場づくりをめざすことは、教科、入試に向けた準備のための活動、大船渡学ともに共通している。梨子田先生は、机上だけの学びを越えた、生徒たちの先を見据えた“学びの場づくりスト”なのである。

最後に、理系クラスのある生徒さんに〈世界史B〉の授業についてインタビューした内容を紹介して終わりたい。

「世界史は、ただただ教師の説明だけで授業を受けるだけだと難しいが、こういう授業形式だと自分から理解していけるから楽しく覚えやすい。また、先生の知識がすごく、何でも知っていることがとても魅力的で、自分たちの解釈に違和感があるところはすぐに修正したり指摘してくれたりする」と。

世界史の専門家としての教師が、一斉講義だけではなく、個々の生徒との対話によって、生徒たちとの信頼関係の構築はもちろんのこと、生徒それぞれの理解を促していくことにつながる場として授業が機能しているのである。

◆訪問先データ

岩手県立大船渡高等学校（公立・共学校）
〒022-0004
岩手県大船渡市猪川町字長洞７‐１
TEL：0192-26-4441（事務室）
FAX：0192-26-4307
HP：http://www2.iwate-ed.jp/ofu-h/index.html

【資料１】配布されたプリント

設問文の下にあるヒントとなるキーワード・キーセンテンスは、ただ語句を並べるのではなく、トラップやダジャレもあり、読むだけでワクワク。

異民族と唐宋について、以下の語句を必ず用いて説明しなさい。

■ Aグループ(教科書ベースちょっとはみ出し)

唐は国際秩序の安定した時代であったが、宋代は異民族に苦しめられ、その対処に悩まされた時代であった。宋代の対異民族政策について、唐末宋初の歴史的展開とともに以下の語句を用いて説明しなさい。

中華思想(中華世界に皇帝はなん人？)、**冊封体制**、例:**渤海▼安史の乱**、**ウイグル**、▼8世紀東アジアは「唐、ウイグル(何系)、**吐蕃**(何系)」の鼎立(ていりつ)、**黄巣の乱**、ハシレウイグル、吐蕃も弱体、かわってモンゴル系遊牧民＝＝の登場▼**耶律阿保機**(読める？)、遼、渤海を、後晋、**燕雲十六州**、農耕民の地、二重統治体制(どういう？)▼苦労ゼロ:宋(建国者？首都？)、燕雲十六州奪還目指せ！、無理か…、しかも度々国境侵入される(なぜ？ヒント:**禁軍強化**)▼1004＝＝の盟(漢字で書け)、＝と＝を歳幣として送る、君臣の礼から家人の礼へ、唐と宋:国際的影響力はどっちが大？▼タングート(党項)、西夏、李元昊(読める？)、慶暦の和約

問　宋と遼の関係について、燕雲十六州や澶淵の盟の内容に触れて説明しなさい。

＿＿＿＿＿＿＿＿＿＿＿＿＿＿＿＿＿＿＿＿＿＿＿＿＿＿＿＿＿＿

＿＿＿＿＿＿＿＿＿＿＿＿＿＿＿＿＿＿＿＿＿＿＿＿＿＿＿＿＿＿

＿＿＿＿＿＿＿＿＿＿＿＿＿＿＿＿＿＿＿＿＿＿＿＿＿＿＿＿＿＿

■ Bグループ(異民族の視点から中国史をみる)

唐の時に構築された国際秩序は唐末の混乱の中で崩壊し、五代や宋になり違った形となって再構築される。この変化について、唐の時代はウイグルを中心に、その後は契丹の目線から、以下の語句を用いて説明しなさい。

ウイグル、くそ何が中華思想だ、**冊封体制**(どんな制度？)、例えばウイグルは？▼＝＝使率いる軍団が国境を警備して邪魔だ、＝＝使が裏切ったぞ、＝＝の乱、どれ中華に恩を売るか▼ハシレウイグル、**キルギス**、トルコ人は中央アジアへ、かわってモンゴル人が再び強勢▼**契丹**、＝＝＝＝系遊牧民で部族制、建国者の部族名と名前、926＝＝を滅ぼす、**後晋**がクーデタの支援を求めてきた、＝＝＝＝州よこせ、農耕民の地、＝＝＝＝体制、宋ができた(建国者:漢字かける？)、あれ国境警備軍団弱いぞ(ヒント:**禁軍強化**)▼1004＝＝の盟(漢字書ける？)、講和、侵入しないでやるから＝と＝をよこせ、そのかわりあっちのメンツ(＝＝思想)はたててやるか、宋と遼の関係は【君臣 or 兄弟】関係に

問「安史の乱」、「黄巣の乱」以後のモンゴル高原における異民族の動向について、説明しなさい。

＿＿＿＿＿＿＿＿＿＿＿＿＿＿＿＿＿＿＿＿＿＿＿＿＿＿＿＿＿＿

＿＿＿＿＿＿＿＿＿＿＿＿＿＿＿＿＿＿＿＿＿＿＿＿＿＿＿＿＿＿

＿＿＿＿＿＿＿＿＿＿＿＿＿＿＿＿＿＿＿＿＿＿＿＿＿＿＿＿＿＿

■ Cグループ(難しいけど漢文と世界史を同時に学んじゃいたい)

資料①を読んでほしい。もし柳元宗が生きていれば、彼はその後の歴史に対して何といっただろうか。その後の歴史の展開を理解した上で以下の語句を用いて説明し、その後彼になりかわってコメントしなさい。

柳宗元どんな人？、資料①内容を伝えて、「狒師は愚かだね(￣o￣)ｳﾝｳﾝ」▼**安史の乱**、鎮圧できねえ(;´゜д゜`)、**ウイグル**、吐蕃、混乱おさまらねぇ(;゜Д゜)、**藩鎮**(って何？)頼む、**朱全忠**(藩鎮勢力)、唐を滅ぼし＝＝を建国▼後晋、**契丹**ありがとう！、**燕雲十六州**(どこ？)、宋(建国者漢字で書け、首都)▼契丹(国号は？)侵入すんな(`д´)！、辺境の軍隊が弱体化したからか…(なぜ？教 p172/11 行目～18 行目に理由が！)、1004＝＝の盟(漢字で)、内容を説明して▼唐と宋の国際的影響力の違い▼**タングート**【モンゴル or チベット or トルコ】、**西夏**(建国者)、慶暦の和約▼資料①の最後の一文どういう意味？(全体を振り返って)、柳宗元(773～819)が生きていれば**彼はその後の歴史に何ていうだろう？**

問　遼について、建国者、統治体制、中華世界(五代の王朝や宋)との関わりを中心に説明せよ。

＿＿＿＿＿＿＿＿＿＿＿＿＿＿＿＿＿＿＿＿＿＿＿＿＿＿＿＿＿＿

＿＿＿＿＿＿＿＿＿＿＿＿＿＿＿＿＿＿＿＿＿＿＿＿＿＿＿＿＿＿

【資料２】複眼的視点の設問文の工夫

■ Aグループ（スンナ派の視点からイスラーム史をかたりたい）

ウマイヤ家のクーデタは成功し、その一派はスンナ派としてイスラーム世界のメインストリームを形成するに至った。スンナ派の立場から、イスラームの歴史を語りなさい。

ムハンマドの死、**選挙**で選ばれた正統な後継者、＝＝＝＝＝時代、私はウマル、アブ－＝バクル、ウスマーン（何家）、アリー（何家）、資料1、「ウスマーンの復讐！」、ハーシム家vsウマイヤ家、アリー（ウスマーン暗殺の黒幕？）、【わはは、何でもアリー！】、**ムアーウィア**、**ダマスクス**、ウマイヤ朝、シーア派の奴らが批判しているぞ【なんて？血統、選挙】、一方で、【それに対して反論せよ、スンナ（言行）】、領土拡大、イベリア半島、西ゴート、トゥール＝ポワティエ間、【ウマイヤ朝とともにイスラーム世界は拡大：地図確認ね】、領土とともに多数派になっていくぞ！【シーアスンナどっち？：ハディースを重視】

■ Bグループ（シーア派の視点からイスラーム史を理解したい人）

ウマイヤ家のクーデタは成功し、反対する一派はシーア派としてイスラーム世界のマイノリティを形成するに至った。シーア派の立場から、イスラームの歴史を語りなさい。

ムハンマドの死、**選挙**で選ばれた正統な後継者、＝＝＝＝＝時代、私はウマル、アブ－＝バクル（ムハンマドの親友）、ムハンマドの家柄じゃないしコーラン編纂の立役者だからしょうがないか→ウスマーン（何家）、資料1、暗殺（黒幕は？）、アリー（何家、ムハンマドとの血統で言うと久しぶりの…）、ハーシム家vsウマイヤ家、アリー、【ええ、そんなのアリー！】、**ムアーウィア**、**ダマスクス**、ウマイヤ朝、ムアーウィアに従う奴らいいの？【批判せよ、あいつらイスラーム教は・・・、血統】、一方であいつら反論しているぞ、【なんて？：スンナ】、ウマイヤ朝領土拡大、あーどんどんあいつら勢力を広げていく・・・、俺たちが少数派に～、【シーアスンナどっち：イマームと呼ばれる指導者がいる】

【資料３】ヒントとなる問題風キーワード・キーセンテンスの並びや表現に工夫

① 対比&否定語に気付けるか型
A 百年戦争、バラ戦争、テューダー朝、星室庁、王権強化、イベリア、レコンキスタ、1479、合併、イサベル
B ゲルフ、ギベリン、東方貿易、ヴェネツィア、都市共和国、ミラノ、両シチリア王国、**イタリア半島統一**

② 資料の読解&選ばせ型
中華思想、冊封、**【ふうじる or ほうじる】**、名目的君臣関係、**資料④**が典型的な例、後漢、漢委奴国王、**資料①**、親魏倭王、倭の五王、南朝に朝貢、唐の冊封を受けたのは＝＝と＝＝、**【新羅の君主を選べ。 文武王 or 嘉隆帝】、資料③、【煬帝はなぜ無礼だと言った？】**

③ 接続詞で論理構築（誘導）型
呉、建業のち建康、現在の～～市、六朝（りくちょう）、六つとは、異民族、人口、江南デルタ、経済の中心、**ところが**首都は、渭水盆地、問題**【渭水盆地に首都をおいた王朝を3つあげて】**、隋の首都、**そこで**隋の煬帝は、通済渠（つうさいきょ）、杭州、江南河、そして高句麗遠征に備えて、永済渠、隋滅亡後現在に至るまで、大動脈

④ オープンクエスチョン型
諸子百家、仁と礼、魯、徳治主義、修身斉家治国平天下、周、覇道ではなく、性善説、惻隠の心、荀子、などの法家に発展、道家、無為自然、蘇秦と張儀、墨子、**【もし担任が＝＝家の思想家だったら？】**

⑤ わけのわからない外国語型
百済、任那、白村江の戦い、高句麗は＝と＝＝の連合軍に、新羅、676、慶州、仏国寺、骨品制、冊封▼渤海、大祚栄、靺鞨人、海東の盛国、冊封▼突厥（何系？）、ウイグル（何系？）、安史の乱、ハシレウイグル！、キルギス、▼雲南（どこ？）、南詔、冊封、大理▼吐蕃、སྲོང་བཙན་སྒམ་པོ（いじわる？）、ラサ、ポタラ宮殿▼安南都護府（どこにおかれた？）、林邑、シュリーヴィジャヤ王国、スマトラ、▼遣唐使、天平文化、黄巣の乱、五代十国時代の戦乱、国風文化、

⑥ 分類型
華北と江南（A）、**東西交易**（B）、唐三彩、孔穎達（くようだつ）、『五経正義』、訓詁学の集大成、韓愈や柳宗元、古文復興、科挙では詩賦、詩仙、詩聖、王維、長恨歌（ちょうごんか）で有名な、書では、顔真卿、玄奘や義浄、ルートは、著作は、最澄と空海、**さて A の例は、B の例は、**

⑦ 暗号化型＆そういえばで気づかせる型
15世紀、大航海、ディアス、ガマ、喜望峰、ポルトガル海上帝国、▼16世紀、フェリペ2世、ポトシ銀山、無敵艦隊▼17世紀、ネーデルラント、アントウェルペン、毛織物、アムステルダム、カルヴァン派（商工業者に広まる）、北部7州、1581（どこから独立？）、東インド会社▼17世紀後半、航海法、英蘭戦争、イギリスの覇権へ（まだフランスを倒していないけどね）▼**【ポ→ス→オ→イ】なんだけど、そういえば【鉄砲→キリスト教→出島】**

⑧ 指名させる型
第一次大戦、荒廃したヨーロッパ、戦場にならなかったのは、巨額の資金援助、ドーズ案、ドイツへの賠償金がアメリカへ（なぜ？）、まさに金融のメリーゴーラウンド！▼永遠の繁栄、大量生産、大量消費、フォード式（どんな生産方法？）、ベーブ＝ルース、チャプリン、ジャズ、【ラジオ or テレビ】（どっち？）▼日本、南洋諸島、山東半島、二十一ヶ条の要求、四カ国条約、九カ国条約、＝＝同盟破棄、ワシントン体制、アメリカでは移民法、**資料2正解は？＝＝さん答えて！**

⑨ ギャグも生徒に言わせる型
1917、＝＝＝革命、労働運動、各国の共産党、▼（　　）が参加し対ソ干渉戦争、米騒動、＝＝＝＝出兵、＝＝＝＝政権は苦境に、トロツキー、赤軍、戦時共産主義（内容は？）、▼世界革命（って何？）の推進、第＝インターナショナル（通称は？）、**▼一人でもレーニン**、New Economic Policy、1922、ウクライナやベラルーシ、ソ連の正式名、1924 **レーニンは0人に、そして冷人に、**世界革命の推進か一国社会主義か（どういうこと？）、＝＝＝＝＝独裁へ、資料①A～C のポスターを時代順に並べて＝＝さん！

【資料4】Googleフォームに入るためのQRコード

人物紹介などのおまけもついている

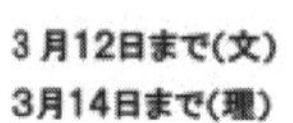

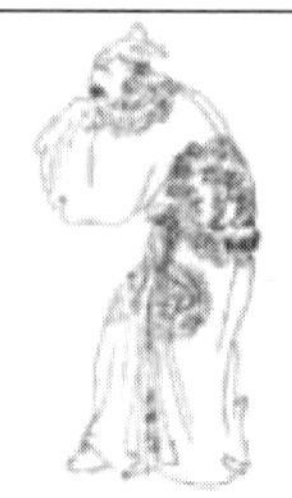

【試験には出ないがすごい人】
馮道（ふうどう）
五代の乱れた世に5朝11人の君主に仕え、20年にわたって宰相を務めた世渡りの達人！

【資料５】知識の整理のための「History lab」のＡ４白紙

History lab @大船渡　組　番名前

「元明清まで」の学習内容を、この A4 の紙１枚に整理しましょう。文理とも６月５日厳守

ロイロで写真で提出して下さい。３年生の id で

元明清：学習理解度	A 満足 B 合格レベルだろう C いまいち D もっとやらないと
元明清の興味	A すげっ B 興味がわいた C 好きになるぞ D 遠すぎる
このシートに書いた内容は	A 自分で構成した B ちょっと資料の助けを借りた C 丸写し
何度覚えても覚えられないこと	
最後にぱっと見て気がついたこと。	

授業探訪③

「主体性」を育む〈日本史Ｂ〉の授業

～発問・質問・問いが学びをうながす～

探訪先 京華中学・高等学校
西村　博樹
取材・執筆者 皆川雅樹
取材日 2019年９月

０．授業探訪の目的と目標

第３回目の授業探訪。今回は〈日本史Ｂ〉の授業を探訪した。

〈授業探訪の目的〉
学び続ける教員たちがつくる学びの場との対話を試みる。
〈授業探訪の目標〉
①授業の特徴に触れることができる。
②マインドを含めた授業デザインについて考えることができる。
③教員にとっての授業の「価値」について考えることができる。

1．今回の授業探訪先の授業構成

第3回目の授業訪問先は、東京都文京区にある京華中学・高等学校（全日制）の〈日本史B〉（以下、科目としての日本史Bなどには〈　〉を付す）の授業である。〈日本史B〉は、高校1～3年生の授業科目として設定されている。

同校の地歴・公民科目の内訳は、次の通りである。

中学1年：地理（4単位）
中学2年：歴史（4単位）
中学3年：公民（4単位）
高校1年：
【S特進】 世界史A（2単位）、地理A（2単位）
【特　進】 世界史A（2単位）、地理A（2単位）
【進　学】 世界史A（2単位）、日本史A（2単位）

高校2年：
文系
【S特進】 現代社会（2単位）、
世界史B・日本史B（4単位）より　1科目を選択
【特進】【進学】 現代社会（3単位）、
世界史B・日本史B（4単位）より　1科目を選択
理系
【S特進】【特進】【進学】 現代社会（2単位）

高校3年：
文系
【S特進】 世界史B・日本史B（4単位）より　1科目選択、
社会演習Ⅰ（2単位）、社会演習Ⅱ（2単位）
※社会演習は地理か政治経済を選択

【特　進】世界史B・日本史B・政治経済（4単位）
から　1科目選択
世界史演習・日本史演習（4単位）と政治経済演習（4単位）
から　1科目選択
【進　学】世界史B・日本史B・政治経済（4単位）
から　1科目選択
世界史演習・日本史演習・政治経済演習（4単位）
から　1科目選択
理系
【S特進】社会演習Ⅰ（2単位）と社会演習Ⅱ（2単位）
から　1科目選択
※社会演習は地理か政治経済を選択
【特　進】センター公民演習（2単位）
※【　　】内はコース

【写真①】〈日本史B〉を担当する西村先生
「生徒には、自分の頭で考えて行動できるように、歴史の問いを通じて自己/他者と対話しながら、さらに主体性に磨きをかけていってほしいと願っています。」

今回取材させていただいた西村博樹先生（【写真①】）が担当するのは、2年生・3年生の〈日本史B〉であり、高3S特進コース（国公立大学志望者）で11名、高2S特進コース（国公立大学志望者）で3名、高2特進コース（難関私立大学志望者）で23名、進学コース（大学進学希望者）で20名がそれぞれ選択している。

2019年9月、〈日本史B〉を担当する西村先生の授業を取材させていただいた。S特進コース・特進コース・進学コースそれぞれの授業にお邪魔させていただいた。教室は、S特進コースは社会科準備室、特進コースは選択授業用教室、進学コースはホームルーム教室をそれぞれ利用していた。

西村先生の〈日本史B〉における1コマ50分間の構成は、おおよそ次のようになっている。

①導入の話（約５分）
②解説映像を観る（約10分）
③プリントの課題問題を考え解く（約30分）
④まとめのレクチャー（約５分）

①〜④は、クラスおよび単元や内容によって順番や方法が違う。目の前の生徒に合わせた授業方法を常に模索しながら学びの場づくりをしている。

ここでは、S特進コースの３年生の授業と特進コースの２年生の授業をそれぞれ紹介したい。

2.「占領と民主化」について考える授業

第一に、S特進コースの３年生の〈日本史B〉の授業（【写真②】）。本時のテーマは「占領と民主化」。戦後の日本におけるGHQによる諸政策とその目的について理解を深める内容である。

【写真②】教室全体の雰囲気
通常教室の机・椅子とは違い、少人数で会議室のような空間での授業。先生と生徒の距離も近く、丁寧な学びの場がつくられる。

①導入の話（約５分）

まずは、『朝日小学生新聞』の「ヘアドネーション」に関わる記事を紹介した（【写真③】）。

【写真③】『朝日小学生新聞』の記事をもとに導入の話をする西村先生。生徒たちは真剣に聴き入る。

杉並区の男子小学生が自由研究で自らの髪の毛を寄付する取り組みをしているというものである。西村先生は、この記事には、「ヘアドネーションを経験した男子中学生たちが「中学校の校則で髪を伸ばしちゃだめと言われた」という内容があり、良いことをしているのに、校則が邪魔をする意味は何か」という疑問を投げかける。そこから、そもそも法律が存在する意味を問いかけつつ、本時では戦後日本で新たな法律ができた意味を考えていくことを告げた。

②解説映像を観る（約10分）

次に、NHKの番組である高校講座日本史（2018年度版）の「占領と国内政策」の前半部分の映像を観る。配付されたプリントの内容（**【資料１】、56ページ**）は、この映像によって当時の映像も交えながらおおよそ説明されたことになる。

③プリントの課題問題を考え解く（約30分）

その次に、20個の課題（**【資料２】、58ページ**）に生徒たちは取り組む。個人で考えたり、まわりの人と相談しながら考えたり、それぞれが自由に課題に向き合う。配付されたプリント（**【資料１】**）を参考に考えたり、教科書や副教材を読みながら考えたり、タブレットでのweb検索しながら考えたりするなど、生徒たちは自分たちで情報を収集・分析していた。また、生徒が先生に個別に質問したり、先生が生徒に声をかけて介入したりすることもあり、終始和やかな雰囲気の中で授業が進む。

なお、今回取材したときは、30分では足りず、２コマ連続で日本史の授業であったため、その次の時間まで継続して取り組んでいた。

④まとめのレクチャー（約５分）

最後に、次回以降の内容について少し説明した後に、「今日、自分たちが考えた課題に対する答えの内容に不安がある場合は、個別に対応しますよ」ということを告げて、授業は終了した。つまり、課題問題についても特に解説はしないのである。

３.「14歳の源頼朝が生かされた理由」について考える授業

第二に、特進コースの２年生の〈日本史Ｂ〉の授業。

本時のテーマは「平氏政権」。前時に概要とプリントの課題問題を考え解くこ

とは終えており、本時ではその派生的な続きの課題として

「なぜ、源頼朝（14歳）は生かされたのだろうか？」

という問いについて考える授業が展開された。

なお、この問いについては、西村先生の授業のなかでは「追Q（おいきゅう）」と呼ばれ、授業内容をさらに追究する問いとして時間を意図的に設けている。

今回の授業では、平治の乱で敗北した源頼朝が伊豆に配流となった理由について、これまで学んできた内容と３つの学説を基に、生徒たちが仮説を立てるというものである。したがって、通常の１コマの展開とは違う流れで授業が進められた。本時の授業の流れは、おおよそ次のようになっていた。

①導入の話（約10分）
②問いについて個人で考える（約10分）
③問いについてグループで考える（約15分）
④各グループからの発表（約５分）
⑤問いについて個人で考える（約５分）
⑥まとめのレクチャー（約５分）

①導入の話（約10分）

まず、前時で学んだことを振り返りつつ、本時で考えていくことを提示する。

本時では、「なぜ、源頼朝（14歳）は生かされたのだろうか？」という問いに対して、次の３つの学説から、１つ有力だと思うものを選び、その理由を歴史的に考えることを生徒に告げた。

Ａ説：平清盛の継母が、源頼朝の助命を嘆願した
Ｂ説：貴族に死刑に対する反発があった
Ｃ説：平清盛は伊豆を京都に戻れない遠い地と思っていた

②問いについて個人で考える（約10分）

次に、問いについて有力だと思う学説を１つ選び、その理由を個人で考える。配付されているプリント、教科書、副教材、タブレットでのweb検索などで生徒たちは調べながら作業を進めていく。西村先生は、ぐるぐる教室内を回りなが

【写真④】西村先生は教室をぐるぐる回りながら生徒に声をかける。生徒は笑顔で対応していた。

ら、生徒の様子を見つつ、ときに生徒に声をかけて学びを促していく（【写真④】）。

③問いについてグループで考える（約15分）

その次に、A・B・C説ごとにグループに分かれて、各自が考えた理由を共有してお互いにメモをとる。

さらに、たくさんあげられた理由の中から、最も有力な理由と考えられるものをグループで１つ選ぶ。なお、A説に11名、B説に５名、C説に９名がそれぞれ集まった。

④各グループからの発表（約５分）

【写真⑤】グループを代表して発表する生徒。発表前にまわりに「静かにしよう」と声をかける生徒も。

そして、各グループが考えた学説を推す理由について、代表者が口頭で全体に発表する（【写真⑤】）。前時までに学んだ関東においても知行国制度が推進していることなど平氏の地盤が強固なので頼朝の監視は可能であったこと、さらに、死生観やジェンダーの視点や消去法で説明するなど、説明の方法は様々であった。

⑤問いについて個人で考える（約５分）

最後に、生徒は改めて個人としての問いに対する考えを配付プリントに整理する。記入したものは、西村先生が回収した。

⑥まとめのレクチャー（約５分）

最後の最後に次回以降、鎌倉時代を学んだ上で、今回の問いとは逆に「もし、源頼朝（14歳）を伊豆に流さず殺していたら、鎌倉時代はどうなっていたか？」

という問いに変えて考えてもらうことを予告した。

4．授業の特徴

本授業の特徴として、ⅰ）適度な動きがある、ⅱ）先生が生徒を個別に見続けている、ⅲ）スパイスの効いた内容が適度に盛り込まれる、の3点があげられる。

ⅰ）適度な動きがある

選択授業ということもあり、ホームルーム教室から特別教室への移動という動きから始まる。先生が生徒たちの待つ教室へ移動するのではなく、生徒たちが先生の待つ教室に移動することで、あらかじめ授業の場を整えておくことが可能となる。

生徒たちは、席が特に指定されておらず自由に座ることができる。また、先生に質問したり、まわりの人同士で聴き合ったりすることも自由にできる。生徒たちにとって自由な空間が、安全・安心な学びの場につながるのであろう。

ⅱ）先生が生徒を個別に見続けている

「追Q」は1単元に1度程度で、それ以外の時間は、

①導入の話（約5分）、

②解説映像を観る（約10分）、

③プリントの課題問題を考え解く（約30分）、

④まとめのレクチャー（約5分）

という授業構成は、時間幅の多少の違いはあるが、年間を通じてほぼ同じサイクルを繰り返す。

③の課題問題を解く際には、自分たちでとことん考えて知識を整理していくこともできたり、先生のレクチャーが必要なときに聴けたりと、ただのグループワークだけではないところが、生徒たちの信頼を得ているように見えた。先生の全体への指示だけではなく、丁寧に声かけをしたり、活動に対してとにかくほめたりするなど、個別に対応するところも、安全・安心な学びの場につながるのであろう。

ⅲ）スパイスの効いた内容が適度に盛り込まれる

課題問題では、大学入試問題なども組み込まれることもある。「追Q」は、明確な答えのない「問い」である。これらは、教科書の内容をきちんとおさえていく過程で復習となるとともに、ただ暗記するだけではなく、歴史を学ぶことを通じて考える力を培うことにもつながる。このような学びのスパイス（刺激）となるコンテンツも盛り込まれている。ほとんどの生徒が大学入試を受験するので、その指導やモチベーションにもつながるような工夫が随所になされている。

5．授業デザインの特徴

〈日本史Ｂ〉の１年間の授業デザインの特徴として、「主体性」を育むことを軸にしていることが明確なことである。そのために西村先生は、授業中に、「発問」「質問」「問い」を巧みに使い分けながら、生徒との関わりを続けている。

京華中学・高等学校では、学校内におけるすべての活動において、「組織的行動力」「コミュニケーション力」「課題解決力」が必要であるとしている。西村先生の授業では、上記の３つをさらに15の力に分類したルーブリックを用い、それぞれの力を意識しながら授業が行われている。その筆頭にあげられているのが、組織的行動力の中に位置づいている「主体性」である。主体性とは「物事に対して自分の意志・判断で責任を持って行動する」と定義している。

西村先生の授業中の生徒への指示の際に、必ずといっていいほど「主体性」という言葉が出てくる。授業の目的として主体性を育むことが明確になっており、そのために生徒との関わりを大切にしているのである。主体性ときくと、生徒任せにしてしまいがちではあるが、できるだけ強制力を排除しながらの授業運営を心がけることで、主体性を培うことにつなげているのではなかろうか。

そのために、西村先生は生徒たちに対して、「発問」「質問」「問い」を使い分けているように思えた。これら３つの違いは次の表のように考えている[(1)]。

⑴安斎勇樹・塩瀬隆之『問いのデザイン－創造的対話のファシリテーション』（学芸出版社、2020年）参照

	問う側	問われる側	機能
発問	答えを知っている	答えを知らない	考えさせるためのトリガー
質問	答えを知らない	答えを知っている	情報を引き出すためのトリガー
問い	答えを知らない	答えを知らない	創造的対話を促すためのトリガー

導入の話では、身近な話や最近の話題を例にして、「法律がある理由は何か？」など、「発問」であると同時に、「問い」にもつながるようにしている。

次に、課題問題では、「～に答えなさい」という一問一答的な「発問」とともに、「～を述べなさい」という「発問」であると同時に「質問」にもつながる。

まとめて表現する方法は多様であり自分の意志・判断で行うものでもあり、問う側の先生はその表現方法は知らない状態で行うので、「質問」とも言える。

さらに、「追Q」で示された「なぜ、源頼朝（14歳）は生かされたのだろうか？」は、問う側の先生も問われる側の生徒も答えは知らないので「問い」につながる。「～を述べなさい」という課題の中にも、例えば「なぜ財閥が解体されたのか、述べなさい」という発問を突き詰めていくと、そもそも財閥とはどんな存在で、さらにその歴史的な意義なども考え始めると、このことが自分事化していけば、まさに「問い」につながることにもなるだろう。

このような使い分けは、授業構成上だけではなく、課題問題を考え解くワーク中の介入時にも行われている。個々の生徒に声かけをする際にも、教科書や課題に出てくる言葉の意味などを「発問」したり、進捗状況などを「質問」したり、「アメリカにとって日本はどのような市場なのか？」といった「問い」にもつながるようなアプローチをするなど、先生側から答えを押し付けない対応がなされている。

このように、指示・命令ではなく、「発問」「質問」「問い」の形によって問うことにより、「物事に対して自分の意志・判断で責任を持って行動する」ためのトリガーの役割を西村先生が担っているといえよう。

6．新科目「日本史探究」とのつながり

西村先生の〈日本史Ｂ〉における授業内での課題の「〜述べなさい」という問い方や「追Ｑ」は、学習指導要領（平成30年告示）における「日本史探究」においても（「世界史探究」においても）参考になるのではなかろうか。生徒による課題の追究や解決を促して思考力・判断力・表現力を育てようとすることが求められる新学習指導要領のスタンスともつながる。

しかし、「日本史探究」は、これまでの〈日本史Ｂ〉と内容構成にほぼ変化はないが単位数が減るなど、これまでとは違う環境（カリキュラム）となる可能性があり、内容の焦点化・重点化の匙加減がかなり大切となる。西村先生の実践では、網羅的に内容を扱いつつ、レクチャー重視ではなく、課題問題の工夫によって生徒たちが自ら取り組むような仕かけがなされることによって、焦点化・重点化につながっている。そのため、日本史の授業時間内で、すべての単元について余裕をもって扱い終えることができるという。そのため、「追Ｑ」のような時間も設けることができる。このような、正解が必ずしも明確ではない設問も用意されており、生徒による探究にもつながるわけである。

7．授業の「価値」

西村先生は、日本史のような教科での実践だけではなく、「かのや100チャレ」という探究的な学びにつながる取り組みにも積極的に関わっている。

【写真⑥】「かのや100チャレ」の様子

「かのや100チャレ」は、中高生が考える鹿児島県鹿屋市が抱える100の課題チャレンジのことであり、鹿屋市が抱える課題を遠くの首都圏の中高生が課題解決するプロジェクトである。2019年５月に教育再生実行会議が示した第11次提言にある「高校普通科を４つのタイプ」の中の「④地域課題の解決を通じ、体験と実践を伴った探究的な学び」の先進的な事例にもつながる取り組みである。京華中学・高等学校では、中学１年の地理の中で

このプロジェクトに取り組み、教科学習と探究をつなげることに成功している(【写真⑥】)。

生徒たちが「多様性（文化・習慣・価値観等）を有する集団の中でも臆することなく物事に対して自分の意志・判断で責任を持って行動し、その行動に工夫・独自性が見える」（主体性のルーブリックの最上位）ようにするために、西村先生は常にファシリテーター（学びを促す存在）として、学びの場づくりに尽力する。西村先生は、生徒の主体性を培うことをマインドとし、個々の生徒に丁寧に向き合うことで、「価値」ある学びの“場づくりスト“として、社会科教育に挑んでいるのではないか。

最後に、ある生徒さんに〈日本史B〉の授業についてインタビューした内容を紹介して終わりたい。「日本史の授業が楽しくできていい。日本史の授業は、ただ先生の説明だけで授業を受けるだけではなく、グループワークなどを通して話し合ったり、自分で考えたりして、理解につながる。先生が出す課題について考えるのが面白く、もっといろいろなことについて考えてみたいとも思わせてくれる」と。教師が、一斉講義ではなく、個々の生徒との対話によって、生徒たちとの信頼関係の構築はもちろんのこと、生徒の学ぶ喜びにもつながる場がここにあるのであろう。

◆訪問先データ

京華中学・高等学校（私立・男子校）
〒112-8612　東京都文京区白山5-6-6
TEL：03-3946-4451
HP：http://www.keika.ed.jp/

【資料1】配付された授業内容が整理されたプリント（「空欄シート」）

この内容について西村先生は特に説明しない。

現代　戦後①　　　占領と民主化❶　　　No.1

連合国軍の日本占領機構　戦後はここから始まる。

Under occupation

東京：連合国軍最高司令官総司令部（1＿＿GHQ）設置（占領最高機関）

- 最高司令官 2＿＿マッカーサー
- 3＿＿間接統治方式（GHQ は日本政府を通じて統治）直接だと暴発
- 4＿＿ポツダム勅令公布（日本政府は GHQ の指令を勅令として発布可能）

東京：5＿＿対日理事会設置（最高司令官の諮問機関・米英中ソ）

ワシントン：6＿＿極東委員会設置（占領政策決定機関・11カ国（オオイソニフカアイフチ）），政策決定⇒アメリカ政府⇒GHQ

東久邇宮稔彦　皇族・敗戦処理内閣：「一億総ざんげ」「国体護持」（天皇中心の秩序維持）　重光は天皇と政府を代表

1945	(1)米軍艦ミズーリ号上で降伏文書署名　全権　外相 1＿＿重光葵（まもる）・参謀総長　梅津美治郎（よしじろう）大本営代表 (2)2＿＿プレス＝コード（占領軍批判の新聞報道禁止）発布　歌舞伎 30 秒以上刀抜いちゃだめ (3)GHQ の民主化指令⇒実行不可能（内務省解体をためらう）⇒内閣退陣　政治・宗教的自由の制限撤廃ためらう

幣原喜重郎　戦前の協調外交の実績　外相：吉田茂

1945	(1)五大改革指令（マッカーサーが 1＿＿幣原喜重郎に口頭で指示） ①＿＿婦人解放　②＿＿労働組合の結成　③＿＿教育の自由主義化 ④秘密警察などの　圧制的諸制度の撤廃　⑤経済の民主化＿＿
	(2)憲法改正の指示　　天皇が統治権もつ、天皇が神聖不可侵 政府：2＿＿憲法問題調査委員会設置（委員長：3＿＿松本烝治国務相）↓GHQ は参考に 民間：憲法研究会が立憲君主制の「憲法草案要綱」発表，4＿＿高野（たかの）岩三郎が大統領制の憲法私案発表
	(3)政治犯釈放，特別高等警察・治安維持法・治安警察法廃止
	(4)政党復活←民主的改革　　↓翼賛選挙の非推薦議員中心４３　　↓２７３ 5＿＿日本自由党（6＿＿鳩山一郎・旧政友会系），7＿＿日本進歩党（町田忠治・旧民政党系） 日本協同党（山本実彦・中間政党），8＿＿日本社会党（片山哲・旧無産政党） 9＿＿日本共産党（徳田球一・合法政党），　↑戦前の合法的社会主義政党
	(5)新選挙法公布（10＿＿婦人参政権・男女 20 歳以上＝全人口の 11＿＿50.4%）
	(6)GHQ の 12＿＿国家と神道の分離指令（国家と神道の分離）
1946	(1)13＿＿天皇の人間宣言（天皇の神格否定）「天皇ヲ以テ現御神（あきつみかみ）」とすることを否定
	(2)GHQ の 14＿＿公職追放指令（軍国主義者 21 万人追放）要職に就くことを禁止
	(3)政府の憲法改正草案要綱（GHQ 案を基礎）発表
	(4)戦後初の総選挙 第1党：5＿＿日本自由党（141 人）・第2党：7＿＿日本進歩党（94 人）⇒結果，幣原総辞職 婦人代議士 15＿＿39 人当選

General Head Quarters,the Supreme Commander for the Allied Powers
日本は米軍向けの慰安施設建設
日本兵は徹底抗戦するだろうと考え、武装解除はうまくいかないと考えた
ソ連は司令官２人＆分割統治を要求　北海道がソ連支配となる案出すが蒋介石の反対

皇族内閣の指示により武装解除が速やかにいき、日本政府を通じた間接統治にした
唯一ソ連が全千島の領有を宣言して北方領土を勝手に占領したため、軍事衝突が起きている。
引き揚げ　戦死誤報で奥さんが再婚したところに元旦那がもどってきた･･･

憲法草案要綱：これをＧＨＱが分析し案をつくり「戦争放棄」を加えた　ＧＨＱに押し付けではないという説
（家永三郎）

共産党徳田　3000 人の同志と再建
婦人枠増やす→天皇制打倒を主張しない女性を増やしたい

なんで今頃人間なんていうのか　著：『英霊の声』「などてすめろぎは人となりたまひし」
天皇はマッカーサーに「すべての責任は私にある。自分はどうなってもかまわないので国民の生活を守ってほしい」
マッカーサーは感動し天皇制を残したと伝えられる
人間：「天皇と国民の間は、信頼と敬愛でつながる。神話と伝説に基づき天皇を神として日本民族は優秀だから世界
を征服するという考え方は間違っている」と宣言
公職追放で小学校の校長も追放

【資料２】20個の課題（「課題シート」）

「〜答えなさい」「〜述べなさい」という発問・問いがまんべんなく配置されている。

１１−１−１　占領と民主化

月　　日（　）　氏名

目標：ＧＨＱによる諸政策とその目的について、説明できる。

課題１　なぜＧＨＱは間接統治の方式をとったのか、述べなさい。

課題２　ワシントンに置かれた占領政策決定機関とは何か、答えなさい。

課題３　五大改革指令をマッカーサーが伝えた時の日本の首相とは誰か、答えなさい。

課題４　憲法改正を指示した時の、憲法問題調査委員会の委員長とは誰か、答えなさい。

課題５　戦後、治安警察法や治安維持法はどのように規定されたのか、述べなさい。

課題６　1945年に制定された新選挙法の選挙権について、述べなさい。

課題７　戦後初の選挙で当選した婦人代議士は何名か、答えなさい。

課題８　極東国際軍事裁判で死刑となった、首相経験のある文官とは誰か、答えなさい。

課題９　日本国憲法の三大原則とは何か、答えなさい。

課題１０　戦後初めて成立した社会党を中心とする連立内閣を組閣した首相とは誰か、答えなさい。

課題１１　昭和電工事件で退陣に追い込まれた内閣とは誰か、答えなさい。

課題１２　ＧＨＱが労働組合の結成を認めた理由について、述べなさい。

課題１３　1947年に工場法に代わって制定された法律とは何か、答えなさい。

課題１４　なぜ教育の自由主義化が実施されたのか、述べなさい。

課題１５　1947 年に制定された、義務教育を規定した法律とは何か、答えなさい。

課題１６　なぜ財閥が解体されたのか、述べなさい。

課題１７　1947 年に、カルテルなどを禁じた法律が制定されたが、この法律とは何か、答えなさい。

課題１８　なぜ農地改革が実施されたのか、述べなさい。

課題１９　二度にわたる農地改革の結果について、述べなさい。

課題２０　傾斜生産方式とは何か、述べなさい。

授業探訪④

探究する生徒を見出す〈日本史A〉の授業

～〈歴史総合〉などにもつながる「問い」づくり～

探訪先　昌平中学・高等学校
堀越　直樹
取材・執筆者　皆川雅樹
取材日　2019年11月

0．授業探訪の目的と目標

第4回目の授業探訪。今回は〈日本史A〉の授業を探訪した。

〈授業探訪の目的〉

学び続ける教員たちがつくる学びの場との対話を試みる。

〈授業探訪の目標〉

①授業の特徴に触れることができる。

②マインドを含めた授業デザインについて考えることができる。

③教員にとっての授業の「価値」について考えることができる。

1．今回の授業探訪先

第４回目の授業訪問先は、埼玉県杉戸町にある昌平中学・高等学校。同校は、国際バカロレア（IB）認定校であり、中学校では2018年度からMYP（Middle Years Programme）が導入され、高校では2020年度からDP[(1)]（Diploma Programme）といったプログラムが導入される。今回の取材では、来年度からDPが始動する高校１年生のIBコースの〈日本史A〉（以下、科目としての日本史Aなどには〈　〉を付す）の授業を取材した。

今回取材した〈日本史A〉の授業では、次年度以降、本格的に始動するDPにつながる授業デザインがなされていた。これは、後述するように、学習指導要領（平成30年告示）で必修として新設される〈歴史総合〉の授業を進める上でも参考になりそうである。

2019年11月、IBコースの〈日本史A〉を担当する堀越直樹先生（【写真①】）の授業を取材させていただいた。取材当日は、１コマが通常授業で、もう１コマが夏休みに作成したレポートをベースとしたプレゼンテーションの授業であった。授業内容に入る前に、IBコースのクラスについて紹介しておく。

【写真①】〈日本史A〉を担当する堀越先生

同校では、中学の全クラスでIBのMYPが実施されている。高校は選抜進学コース、特別進学コース、そしてIBコースに分かれており、IBコースのみでDPが実施される。

IBコースは2019年度より高校１年生を迎え、１クラス21名（＋留学生）で展開している。なお、21名中４名は中学のMYPを経験しており、残りの17名は高校からの入学生である。

教室内は常にアイランド型に机・椅子が置かれており（１島４～５名）、グ

(1) DP（ディプロマ・プログラム）：16歳から19歳までを対象とし、所定のカリキュラムを２年間履修し、最終試験を経て所定の成績を修めると、国際的に認められる大学入学資格（国際バカロレア＝IB資格）取得が可能なプログラム。

【写真②】教室全体の雰囲気。生徒同士の距離が近い。

ループワークがしやすい環境になっている（【写真②】）。また、頻繁に席替えを行うなど、クラス全員がお互いに関係性を構築できる環境づくりがなされている。さらに、留学生も参加することがあるため（取材当日もオーストラリアから２名の留学生が参加）、多様性もある学びの場となっている。

2．「日本の植民地」について考える授業

１コマ目の通常授業。〈日本史Ａ〉の教科書の内容に沿った授業内容である。１コマ45分間の構成は、おおよそ次のようになっていた。

①教科書の内容をプレゼンする（約５分）
②教科書の内容から疑問点を考える（約５分）
③疑問点をクラス全体で共有（約10分）
④補助プリントを読み、設問について個人で考える（約５分）
⑤補助プリントの設問をグループで考える（約５分）
⑥グループで考えた内容をクラス全体で共有（約５分）
⑦堀越先生のレクチャー（約５分）
⑧「問い」づくり（約５分）

①教科書の内容をプレゼンする（約５分）

【写真③】グループ内での発表の様子。ワークシートには教科書の内容を整理したものがぎっしりと書かれていた。

教科書（実教出版『新日本史Ａ』68～69頁「日本の植民地」）の内容をワークシートに事前に整理し、その内容をグループ内で発表する（このワークシートは、授業前に堀越先生に提出されている）。発表者は、各グループ１名であり、それ以外のメンバーは発表者の説明に耳を傾ける（【写真③】）。

②教科書の内容から疑問点を考える（約５分）

教科書の内容をより深く理解するために、疑問点をあげてワークシートに記入していく。

③疑問点をクラス全体で共有（約10分）

各グループであげられた疑問点を、クラス全体で共有するため、生徒たちがランダムにあてられ発表していく。「日本による植民地化は国外からどのような反応があったか？」「これまでの事件名は地名などが多かったが「三・一独立運動」はなぜ日付なのか？」「同じ植民地でも、日本と台湾は関係が良好だが、日本と朝鮮は関係が良くない理由は？」など、様々な疑問点があげられた。

④補助プリントを読み、設問について個人で考える（約５分）

教科書の内容を様々な角度で考えるために、補助プリントが生徒一人一人に配付される（**【資料１】、71ページ**）。ここでは、台湾の植民地化に関わる内容が中心に書かれている。その中で、堀越先生が読ませたのは、「戦争と植民地を肯定する意見」が書かれた論考の一説である。

その論考を考慮した上で、次のような設問が提示される。

台湾から留学生がやってきたと仮定する。歴史の話になり、「あなたは日本の台湾統治時代をどう思う？」と言われた。あなたは何を話すか。

⑤補助プリントの設問をグループで考える（約５分）

堀越先生から「まわりの人と相談してもいいですよ」の声とともに、各グループ内で話し合いが始まる。堀越先生が介入しなくても、自然と話し合う雰囲気ができていた。

⑥グループで考えた内容をクラス全体で共有（約５分）

各グループで考えた内容を、クラス全体で共有するため、生徒たちがランダムにあてられ発表していく。その中で「日本による台湾の植民地化によって台湾内の産業を発展させたが、一方で教科書にもある通り、戸籍上の区別や参政権がないなどの差別があったのも事実」などといった意見が出された。堀越先生は、この意見に関連する意見を全体に求める。生徒からは、「台湾人が日本人と「同化」

される政策は差別するというよりは仲良くみせるものとしてとらえられるが、強引にそのようにしているだけで実際はどうなのか疑問」などといった意見が発表された。

⑦堀越先生のレクチャー（約５分）

朝鮮の植民地化について、台湾の植民地化との比較の中で生徒たちに問いかける。「台湾の植民地化については肯定的にとらえる場合があるが、朝鮮の植民地化についてはそのような意見・傾向があまりきかれないのはどうしてか？」さらに、堀越先生は、「戦争と植民地を肯定する意見」が書かれた論考の中で、台湾で発売された『大東亜戦争肯定論』という書籍について、「ネット上のレビューを読むと、「侵略の言い訳」「責任逃れをしている」といった厳しいコメントが目立つ一方、一定の理解を示すものもある」について触れ、「日本の植民地化について肯定できる明確な根拠や数値が示されているわけではないことについてどう思うか。一方で、教科書の内容も絶対ではないので鵜呑みにする必要はない。このような様々な視点で書かれている諸資料をどのように考えるか」などと一定の方向・思想に誘導するわけはなく、様々な考えを持つことの意味を説いた。

⑧「問い」づくり（約５分）

最後に、ワークシートの「「問い」を立てよう」の欄に生徒一人一人が思い思いの「問い」を記入し、発表していく。「日本の植民地支配は世界にどのような影響を与えたのか？」「日本が台湾を植民地にしたことについて日本人はどのように考えていたのか？」などの「問い」があげられた。

3．レポートを作成しプレゼンする授業

２コマ目の授業。夏休みに生徒たちが個々で作成したレポートの内容をプレゼンテーションする授業。レポートの作成方法に関する要項（**【資料２】、73ページ**）によると、日本史に関する本を読み、MicrosoftWord を使ってレポートを作成する。その言語は日本語でも英語でもよいというものである。

今回の取材の際にプレゼンをした生徒たちが扱った書籍は次の通りである。

①加藤陽子『それでも、日本人は「戦争」を選んだ』（新潮文庫、2016年）※日本語でプレゼン
② Inazo Nitobe『The Way of the Samurai』※英語でプレゼン
③岡田和裕『明治を食いつくした男 大倉喜八郎』（産経新聞出版、2019年）※日本語でプレゼン
④山口輝臣『はじめての明治史』（ちくまプリマー新書、2018年）※日本語でプレゼン
⑤毛利敏彦『明治維新の再発見』（吉川弘文館、2010年）※日本語でプレゼン

生徒によるプレゼンは、１名あたり５～10分程度でPowerPointを利用するものであった。プレゼン後には、質問を受け付ける形であった。「イデオロギーとは何か？」「この本を読んで今後の自分に何を取り入れていきたいか？」「日本の近代化をどのように評価できるか？」などといった質問が出されていた。

【写真④】プレゼンをする生徒の様子

４．授業の特徴

ここでは、１コマ目の通常授業について、その特徴を考える。本授業の特徴として、ⅰ）生徒が個人・グループで考えられる時間が多い、ⅱ）生徒が自走できるワークシートの存在、ⅲ）思考を促す補助プリントの内容、の３点があげられる。

ⅰ）生徒が個人・グループで考えられる時間が多い

１コマ目のワークシートの最後には「振り返り」の欄があり、次のような項目をチェックするようになっている。

1．主体的に探究できたか。 2．友人の意見に耳に傾けることができたか。 3．積極的に発言できたか。 4．本時の内容を理解できたか。

これら1.～4.の各項目について、5段階（1が最も悪いで5が最も良い）で自己評価するものになっている。

1.は、答えが1つではないことを考えることができたかということにつながり、疑問点や問いをつくることができたかを判断するものである。2.は、グループ形式で常に着席していることによってできることである。また、3.とも関連して、他人の意見を聴く（訊く）ことによって、自分の意見や疑問・問いを研ぎ澄ますことにもつながる。このような取り組みの結果、4.の授業内容の理解につながるかどうかが本授業では問われているのであろう。

ⅱ）生徒が自走できるワークシートの存在

1コマ目のワークシートには、次のような項目が用意されている。

①教科書の内容をまとめよう ②疑問点を書き出してみよう ③「問い」を立てよう ④班の中でどんな「問い」が出ただろう？ ⑤「問い」について考察しよう ⑥振り返り

①は、事前学習として教科書の内容を整理するものであるが、この段階で教科書の内容は教師に教わってわかるものではなく、自分たちで理解するものであることが意識できる。整理すればしようとするほど、②の疑問点をあげることにつながる。その疑問点について調べたり友人に訊いたりすることで解決する場合もあれば、そうでない場合は簡単には答えを導けない③の「問い」につながることになる。さらに、その「問い」は自分だけのものなのか、友人とも共有できるものなのかを④で確認し、それを通じて⑤の「問い」を考察することにつなげられる。

この①～⑥のサイクルを毎回まわしていくことで、前後の授業内容のつながりや比較ができ、そして、生徒たち自身の力で理解することにつながる。

ⅲ）思考を促す補助プリントの内容

補助プリントで示された設問「台湾から留学生がやってきたと仮定する。歴史の話になり、「あなたは日本の台湾統治時代をどう思う？」と言われた。あなたは何を話すか」には、次の３つの要素が見出せる。

第１に、「日本の台湾統治時代」についての理解すること、第２に、第１についての生徒個々が意見を持つこと、第３に台湾の人への伝え方を考えることである。第１の段階は知識の習得、第２の段階は知識の活用、第３の段階は日本史という枠を越えて考える必要がある。従来型の授業であれば、第１の段階で終わるところを、第２・３の段階を盛り込むことによって、知識を得るだけではなく、その知識を私たちの周りの世界について説明することに役立てたり、より理解を深めたり、決断につなげたりすることができる。

5．授業デザインの特徴

このような授業の特徴は、〈日本史A〉の授業デザイン全体の特徴ともつながる。それは、IB が掲げる次のような「IB 学習者像」とも関係してくる。

探究する人
知識のある人
考える人
コミュニケーションができる人
信念をもつ人
心を開く人
思いやりのある人
挑戦する人
バランスのとれた人
振り返りができる人

これらは、「IBの使命」に基づいて示されている[2]。

> 国際バカロレア（IB）は、多様な文化の理解と尊重の精神を通じて、より良い、より平和な世界を築くことに貢献する、探究心、知識、思いやりに富んだ若者の育成を目的としています。この目的のため、IBは、学校や政府、国際機関と協力しながら、チャレンジに満ちた国際教育プログラムと厳格な評価の仕組みの開発に取り組んでいます。IBのプログラムは、世界各地で学ぶ児童生徒に、人がもつ違いを違いとして理解し、自分と異なる考えの人々にもそれぞれの正しさがあり得ると認めることのできる人として、積極的に、そして共感する心をもって生涯にわたって学び続けるよう働きかけています。

「IB学習者像」「IBの使命」を前提にすることで、学習者を中心とした教育、自分とは異なる人々との協働を促す場づくり、生涯にわたって学び続けるための働きかけなどが大切であることがわかる。先述の堀越先生の〈日本史A〉の授業の特徴においても、このようなことが意識されていることは言うまでもない。なお、「生涯にわたって学び続ける」という点でいくと、2コマ目の授業で生徒から出た「この本を読んで今後の自分に何を取り入れていきたいか？」という質問がつながる。

このような「IBの使命」は、認定校の有無に関係なく、授業改善をしていく際に参考になるのではなかろうか。IBのDPでは決められたプログラムがあり、学習者中心の効果的なコンテンツが用意されている。しかし、そのコンテンツではない〈日本史A〉の授業においても、堀越先生は「IBの使命」を意識的に取り込むことに挑戦している。

⑵「文部科学省IB教育推進コンソーシアム」https://ibconsortium.mext.go.jp/（2020年3月1日閲覧）

6．新科目〈歴史総合〉などへの刺激

堀越先生の「IBの使命」を意識した〈日本史A〉の授業は、学習指導要領（平成30年告示）における〈歴史総合〉のみならず、〈日本史探究〉〈世界史探究〉においても参考になるのではなかろうか。生徒による課題の追究や解決を促して思考力・判断力・表現力を育てようとすることが求められる新学習指導要領のスタンスともつながる。

〈歴史総合〉では、近現代史について、単元ごとに時代の変化を示す資料から「問い」を立て、関連する歴史的内容を学び、最後に単元を振り返り現代的な諸課題の形成に関わる内容を考察する。まず、資料からの問い立てについては、堀越先生の１コマ目の授業のワークシートはその役割を果たしている。次に、関連する歴史的内容の理解や現代的な諸課題の形成に関わる内容を考察については、ワークシートと補助プリントが学びの場をつくっている。

また、〈日本史探究〉〈世界史探究〉では、単元ごとの「問い」立てのみならず、情報収集・分析を通じて各時期の特色を多面的・多角的に考察して諸事象を解釈したり歴史の画期などを表現したりすることも求められている。堀越先生の〈日本史A〉の授業にあったような「日本の台湾統治時代」の理解を前提とした設問は、このような考察や表現にもつなげられよう。

さらに、〈日本史探究〉〈世界史探究〉は、これまでの〈日本史B〉〈世界史B〉と内容構成にほぼ変化はないが単位数が減るなど、これまでとは違う環境（カリキュラム）となる可能性があり、内容の焦点化・重点化の匙加減がかなり大切となる。堀越先生の実践では、最初から教師によるレクチャーを重視するのではなく、生徒たちがどこまで自力で理解できるかどうかを、ワークシートを活用した事前課題としている。もし、事前の段階で生徒たちの理解が不足しているポイントが見つかれば、全体もしくは個々に介入してフォローすることが可能である。生徒があらかじめ理解できていることを、改めて教師がレクチャーすることにどれだけの意味があるのかを改めて考えさせられる。

7．授業の「価値」

堀越先生は、歴史の授業や学びを教室・学校内にとどまらせない取り組みもしている。

堀越先生は、昌平中学・高等学校が所在する埼玉県杉戸町を中心に活動する市民団体「すまえるプロジェクト」の依頼で、歴史の公開講座を担当している。地域住民向けの歴史に関わる講演をしたり、〈日本史A〉の授業を市民向けに体験してもらったりしている（その様子は『埼玉新聞』2020年２月14日にも掲載されている）。このような場に、地域住民だけではなく、IB コースの高校生も参加している。

【写真⑤】「公開講座」の様子。生徒と市民がともに学ぶ。

〈日本史A〉の授業体験は、高校生21名と地域住民21名が混ざってグループワークをするという企画だ。10代～80代までが集まって歴史について対話する珍しい場で、内容は「満州事変と日中戦争」。参加した地域住民の方々からは「私の父は日中戦争に参加した」「自分たちのころとは教科書の内容が違うなぁ」など、高校生とは違う見方や意見が出てくる。その意見を引き出していたのは生徒たちであり、普段の授業で友人の意見に耳に傾けたり、積極的に発言したり、意見を集約したりしていることが生きている場になっていたことに堀越先生は感動したようだ（【写真⑤】）。

平成30年告示の高等学校学習指導要領地理歴史編には、次のような文がある。

> 探究する活動とは、生徒の発想や疑問を基に生徒自らが主題を設定し、これまでに習得した歴史の概念を用いたり、社会的事象の歴史的な見方・考え方を働かせたりして、諸資料を活用して主体的に多面的・多角的に考察・構想し、表現する活動である。また、生徒が充実した探究活動を行うためには、教師の支援が大切である。

「教師の支援」とは、何も教師だけが手を差し伸べたり、関わったりすることではないのではないか。教師や同世代の生徒だけで学びの場を閉じるのではなく、経験など様々なあらゆる世代に対して開くことで、新たな「価値」を生み出すことにつながる。「IB 学習者像」にもある「探究する人」などとしての生徒に育っていくのであろう。

最後に、生徒さんたちに〈日本史A〉の授業についてインタビューした内容を紹介して終わりたい。「日本史の授業は授業方法が面白い。生徒同士のディスカッションを通じて自分たちで理解していくことができてとても良い」と。「自分たちで理解する」ことで「探究」につながり、その判断は学習者である生徒本人に委ねられている。教師はその支援者として存在するのであり、堀越先生はそのような存在として学びの場をつくることに挑戦しているのである。

◆訪問先データ

昌平中学・高等学校（私立・共学校）

〒345-0044　埼玉県北葛飾郡杉戸町下野851

HP：http://www.shohei.sugito.saitama.jp/contents/

【資料1】配付された補足プリント。

第3章　帝国とデモクラシー　**第2節　ヴェルサイユ体制とロシア革命**

2　日本の植民地　**補助プリント**

【台湾統治】

1895	樺山資紀が初代台湾総督に就任 日本軍が上陸し、抗日勢力の掃討作戦開始 「全島平定宣言」→島民の武力抵抗は続く
1898	児玉源太郎が台湾総督に就任 後藤新平を民政局長に抜擢 土地調査事業を開始
1900	台湾製糖会社設立
1930	霧社事件（台湾住民の武装蜂起）
1940	台湾での創氏改名が始まる
1944	徴兵制施行
1945	第二次世界大戦終了。植民地統治が終わる

【樺山資紀】

1895年に台湾総督になり、軍政をしいて現地の抵抗を武力で弾圧した。

【後藤新平】

台湾総督の児玉源太郎のもとで台湾民政局長に就任した後藤新平は、土地改革や産業基盤の整備を行い、製糖業や樟脳などの産業を育成した。

【さとうきびを運搬する汽車】

三井財閥が台湾製糖会社を設立して以来、製糖会社の設立があいつぎ、製糖業は台湾の代表的産業となった。

【台湾の樟脳工場】

台湾統治時代に多くの樟脳工場がつくられ、日本は世界一の樟脳生産国だった。樟脳は衣類の防虫に用いる。

【戦争と植民地を肯定する本の出版】

西谷格「台湾で発売された『大東亜戦争肯定論』現地読者の反応は」『ＳＡＰＩＯ』2018年3・4月号（小学館）

昨年、台湾で“禁断の書”が発売された。『大東亜戦争肯定論』。もとは1963年、文芸評論家の林房雄氏が中央公論誌上に発表した論考で、林氏は先の大戦を「東亜百年戦争」「歴史の定めた運命」と位置づけた。（中略）

読者の反応はどうなのか。ネット上のレビューを読むと、「侵略の言い訳」、「責任逃れをしている」といった厳しいコメントが目立つ一方、一定の理解を示すものもある。実際に読者に会ってみた。花蓮市の東華大学で日本統治時代の台湾史を学んでいるという黄彦傑氏（大学生・20歳）は、「台湾人の歴史観は、国民党に洗脳されてきた。今こそ、新たな歴史観を得なければならない」と語った。彼は、本書の内容に概ね賛同を示した。「結果的に見れば、大東亜戦争によって東アジアの独立が果たされたのは間違いありません。また、東京裁判の誤謬性についても同意します。」ここまでは日本の保守派とも主張が一致する。だが、最後にこう付け足した。「日本は戦争における台湾人犠牲者に対し、謝罪する必要があると思います。」黄氏の祖父は、かつて日本兵としてパプアニューギニアに渡って死の淵を彷徨い、戦後、台湾に戻った。だが、日本政府から十分な補償は受けられなかった。次の言葉からは、台湾人の日本に対する思いの深さと複雑さが伝わるだろう。「私にとって、日本はもう一つの祖国。日本のことが好きだからこそ、台湾に謝罪して欲しいと思うのです。」

台湾から留学生がやってきたと仮定する。歴史の話になり、「あなたは日本の台湾統治時代をどう思う？」と言われた。あなたは何を話すか。

【資料 2】課題レポートの作成方法についての要項。

日本史A　課題レポート

1．課題内容

歴史（主に日本史）に関する本を読み、Word を使ってレポート作成（2000 字以上）を行う。英語で書かれた本を読み、英語でレポートを作成することも認める。

2．条件・注意点

①専門家・研究者らが書いた本を読む。歴史小説やビジネスコーナーなどにある歴史読み物などは避ける。参考文献を記してない本、根拠を提示しようという姿勢のない本は避ける。新書がおすすめ。

②1200 字以上使って要旨をまとめる。800 字以上使って批評を書く。

③要旨をまとめる際は、筆者のねらい、結論を意識する。

④論旨に対する批評になっているか？

⑤インターネットを情報検索で使用するのは構わないが、インターネット上はあてにならない情報が多く、ほとんどが学問の世界で使えない。ウィキペディアや Yahoo！知恵袋・NAVER まとめなど，不特定多数の人間が編集・回答できるサイトは使用不可。運営元がはっきりしていて、ある程度信頼できる機関のサイトを利用する場合は、参考文献覧にサイト名をしっかり表示する。

⑥本からの引用を本文に表示する場合は、引用部分に「」を使い、（著書名・書名・出版社・刊行年）も明示する。

⑦コピー&ペースト（コピペ）は禁止。提出されたデータはすべて剽窃発見ソフトを使って剽窃の有無を確認する。剽窃が発覚次第、レポートの評価は０点とする。自分なりの解釈をし，自分の言葉でレポートを書くようにしよう。

3．提出方法

ManageBac で提出。

4．参考文献の書き方例

石原比伊呂『足利将軍と室町幕府』（戎光祥選書、2017 年）

気象庁「地震の活動状況」http://www.data.jma.go.jp/svd/eqev/data/
参照日：2016 年 4 月 28 日

Ⅱ　コロナ禍の授業実践

持続可能な授業のために

授業実践①

Only One for Others を求める授業

～自分の学びをデザインする生徒の育成～

日野田 昌士
伊藤　航大
聖学院中学校・高等学校（東京・私立）教諭

0．はじめに　～チーム聖学院～

皆川先生による授業探訪時（2018年）、私は進路指導部長であり、授業と校務分掌の比重がおおよそ「5：5」であった。その後、2019年度より総務統括部長（教頭）となり、2019年度末から2020年度にかけて管理職としてコロナ対応に向き合うことになった。そのため、本稿ではコロナ禍に対して本校がどのような理念のもとに、どのような取り組みを行ったのかについて重点的に記述したい。その全体的な取り組みの中で象徴的な取り組みの一つが現代社会の授業実践であり、詳細については後述の伊藤航大先生に譲りたい。

また、本稿中の資料は伊藤豊教育統括部長（教頭）、児浦良裕広報部部長・21教育企画部部長、田中潤高校新クラス設置統括長、佐藤充恵教諭が校内での議論などのために作成したものである。

1．コンセプトの合意　～「Student」から「Learner」へ～

2020年4月7日、政府による緊急事態宣言が発令され、「生徒が登校して授業を受ける」という、今までの「当たり前」が崩れることとなった。本校ではコロナ対応のコンセプトを、一般的なコピーである「生徒の学びを止めない」ではなく「生徒の学びの権利を保障する」とし、スクールモットーである「**Only One for Others**」(＝一人一人がかけがえのない「Only One」であることを前提とし、かつ他者とともに生きるために自らの賜物（タレント）を用いる「Only One」となる）の実現を目指すこととした。学校全体として取り組むためには、表面的な部分ではなく、「なぜ私たちはそれに取り組むのか」という本質的な部分について合意をしておく必要がある。スクールモットーである「Only One for Others」を理念に終わらせるのではなく、教育コンテンツに落とし込んでいくことを目標とした。

コロナ以前から本校では「学校は何をする場所なのか」「学びとは何か」などについて、研修会では教員間での哲学対話や思考コードを用いた授業デザイン研究会の実施、職員会議ではカリキュラムポリシーについて議論するなど、何度も議論がなされていた。もともと教員間で対話的な雰囲気があったため、コロナ禍においても職員会議や学年などで話し合いを重ね、合意を積み重ねていった。

まずは「どのような生徒を育てたいのか」「Only One for Othersを育むためには何が必要か」という議論の中で、コロナ禍での学びには個々の学びのスタイルによって、それぞれ異なる特徴があることが明らかになった。「理論的な裏付けがあることを知ってやる気を出す者」もいれば「実効性を感じることが何より

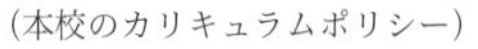
(本校のカリキュラムポリシー)

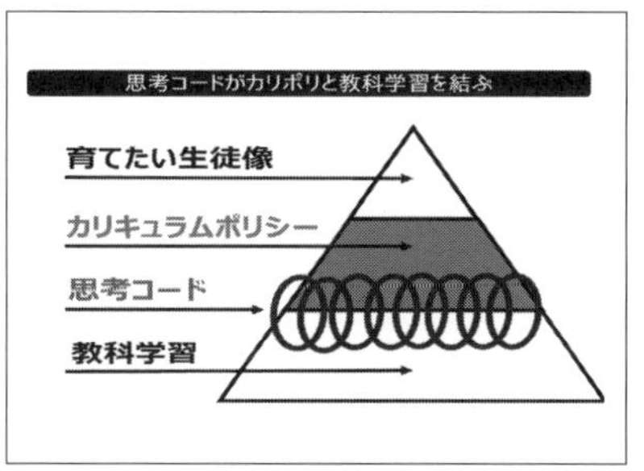

(授業デザイン研究会の狙い)

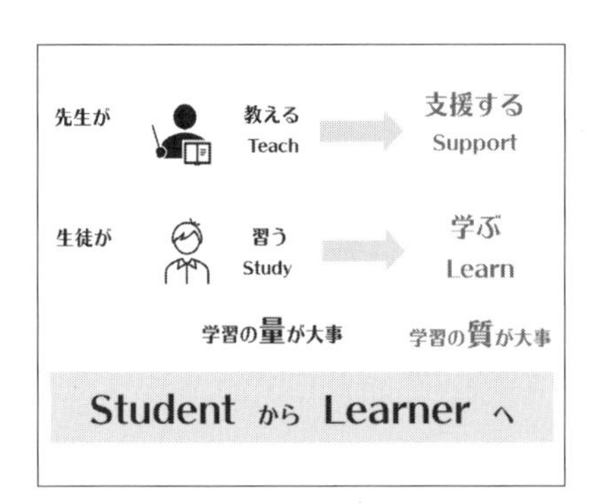

（「Student」から「Learner」へ①）

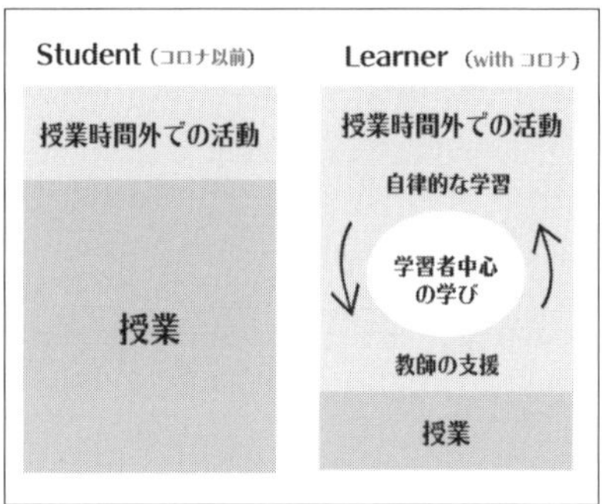

（「Student」から「Learner」へ②）

の学習動機となる者」もいる。「ドリル学習に長けた者」もいれば「探究的な問いに刺激を受ける者」もいる。生徒それぞれで色々な学習スタイルがある中で、従来のような画一的な学びの提供ではなく、様々な学びを試行し、振り返り、少しずつ生徒が自分のものとできるような取り組みを目指した。すなわち、「受動的な Student（＝「教えられる」存在）」ではなく、「**自分の学びをデザインする Learner**（＝主体的に学ぶ存在）」の育成が重要である、という認識に立ったのである。

2．本校の取り組みのストーリー　～「共通」と「共有」～

学校全体として取り組むために、「共通」と「共有」を意識した組織運営を心がけた。

まずは生徒に学びを届けるために、緊急事態宣言が出された直後の４月13日に学校全体として動画100本（2021年１月時点で1400本）を配信した。しかし、動画の配信だけでは生徒は受動的に動画を視聴するだけとなってしまうため、「問い」を軸とした授業設計にあたることとした。このように、動画作成の上でも「必ずやらなければならないこと」（＝共通事項）だけでなく、「やってはならないこと」を明示し、コロナ禍で不安を抱えている教員も含めて一致して取り組みにあたれるように工夫した。さらに今後の取り組みの拡張性を模索するために「やっても構わないこと」も合わせて明示し、「できる教員が、できる形で実行すること」も認めた。その代わりに「事前に相談、事後に共有すること」（＝共有事項）を必須とした。また、コロナへの取り組みが長引くことを想定し、教員間で「無理をしない、弱音を吐く」というマインドを持つことを、職員会議で繰り返し、共有した。

その後は学びの提供を続けていく上でストーリー性を重視した。最初から複雑なこと、難しいことをするのではなく、取り組みをしていく中で素早く調整（アジャイル、アジャスト）していくことを前提として「とにかくやってみる、うまくいかなかったら修正する、うまくいったら共有し、広めていく」というスタンスをとった。

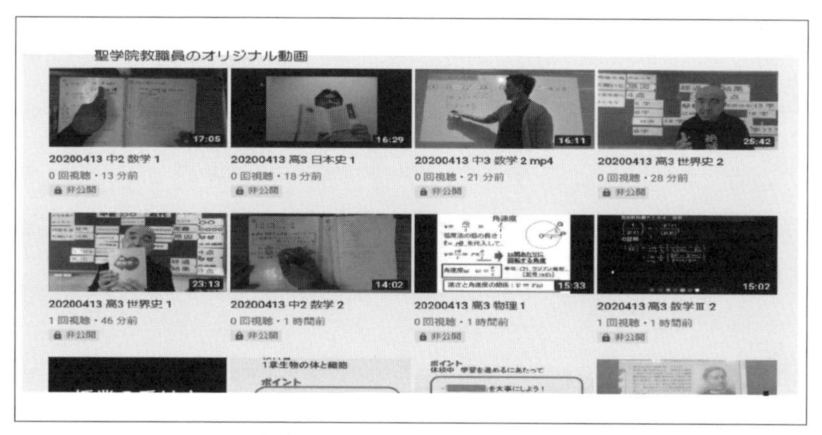

（4月13日、オンライン動画100本を提供）

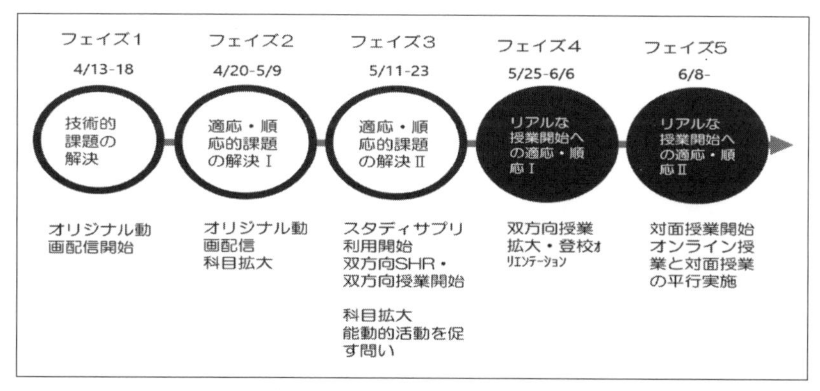

（緊急事態宣言下の本校のストーリー）

3．ICE モデル　～教員の役割の変化～

そのような中で「ICE モデル」の普及が、それまで本校で培ってきた「思考コード」を、授業デザインに組み込んでいく上での触媒の役割を果たしてくれた。「ICE モデル」とは下記にあるように、「問い」によって学びのストーリーをつくるモデルである。

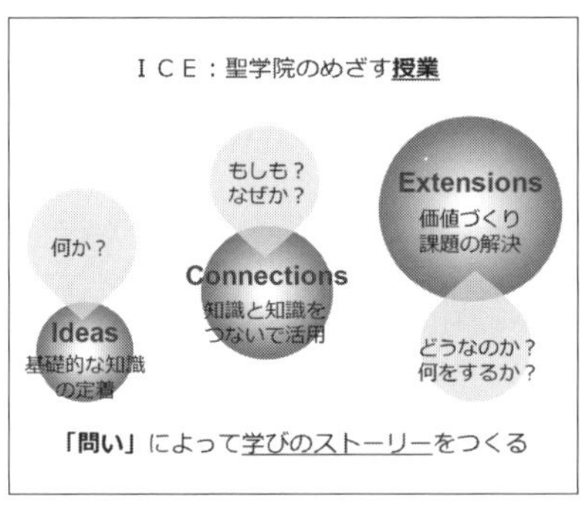

(ICE モデル①)　　(ICE モデル②：佐藤充恵教諭の授業)

この「ICE モデル」の普及は、多くの教員の授業デザインに役立つだけでなく、学校全体の取り組みとして、対面授業とオンラインのハイブリッドを構築してい

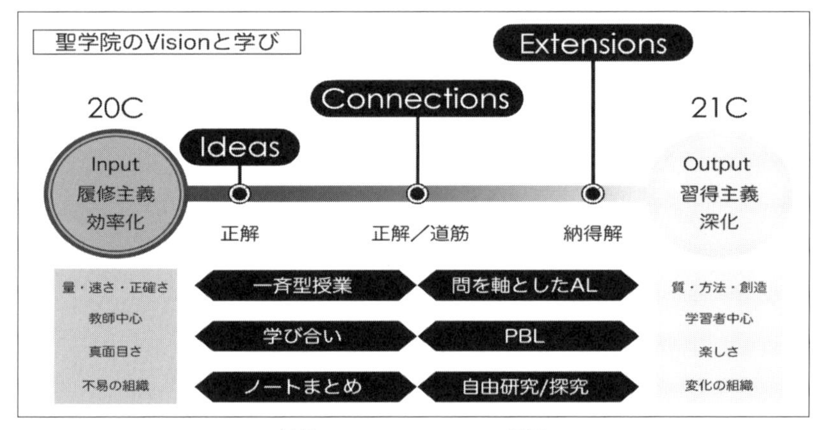

(本校の Vision と ICE モデルの関係)

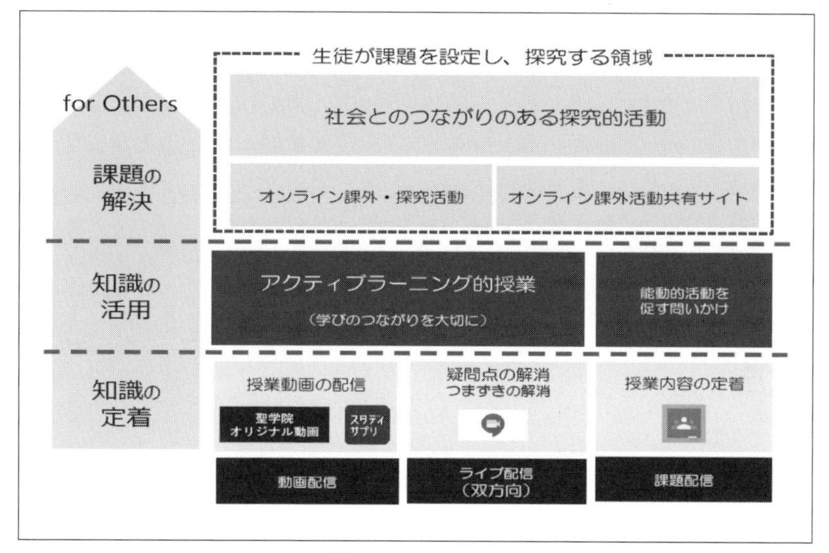

（本校の取り組みの可視化）

く上で、とても重要な役割を担うこととなった。

「そもそも授業とは何をする場なのか」という問いに皆さんは何と答えるだろうか。かつては「知識を得る場所」であったが、社会の変化に伴って教育に求められるものや生徒が身につけなければならないことは変化してきている。本校では「授業とは、知識を学ぶだけでなく、『学び方』を学ぶ場、チャレンジできる場」である、と捉えている。知識を学ぶのはオンラインでも置き換えることができる。しかし重要なことは、生徒が授業外で「ちょっと調べてみようかな」や「考えてみようかな」と考え、その結果、「社会の見え方、風景が変わること」であり、これは授業内での教員の「しかけ」と「しくみ」にかかっている。

教員は、「ティーチャー」だけでなく、生徒の「学びの個別最適化」のための「ファシリテーター」「コーチ」であり、「チューター」であるだけでなく、「ジェネレーター」（学びに導く人）など、複数の役割、すなわち「生徒をワクワクする学びの冒険に導くプロデューサー」であることが求められているのである。

4．良い授業の共通点　～皆川先生からの「気づき」と「学び」～

6月から分散登校という形で、生徒の対面登校が再開した。そこでは「対面でしかできない授業の価値とはなにか」ということが重要となった。私は管理職として授業巡回を行い、それぞれの教員のチャレンジを見守ることにした。そこで役立ったのが今回の授業探訪での皆川先生の視点、授業の分析であった。皆川先生の取材とフィードバックによって自分の授業の取り組み、考え方が「見える化」されていた。皆川先生の分析に加え、授業巡回をする中で、私なりに生徒がアクティブな授業の共通点を整理することができた。

①毎回同じ授業構成がされていること。タイムマネジメントがしっかりとされていること。

②「この授業は○○を学ぶ」という主題が明示されていること。生徒自身が授業を受けることによって成長につながっていることが実感できること。「授業」でなければ出会うことがなかった「考え方」「問い」に生徒自身が向き合う場が準備されていること。

③心理的な安全性が担保されていること。一人ひとりの生徒がしっかりと承認され、参加意識、参加感が醸し出されていること。つまり、その生徒がいなければ、この場はつくれない、違う雰囲気になる、ということが授業者だけでなく、生徒にも共有されていること。これらはオンライン授業下でも、チャット機能をうまく活用したり、生徒の質問を復唱するなど、細やかな配慮につながってくる。

④生徒の「動き」が適度にあること。

⑤教員自身が授業内で学びや気づきがあること。

つまり、生徒と教員が学びの場をともに創り出していくこと（＝共創）が重要なのである。

また、本校では2018年度、2019年度に東京学芸大学教職大学院の渡辺貴裕准教授にアドバイスをいただきながら、「対話型授業研究」という手法を導入していた。これは授業を見学するにあたって、「生徒の目線に立つこと」の重要性を特に意識化した取り組みである。見学者が授業を「見る」「診る」「観る」のではなく、「参加する」ことによって、生徒目線で感じたことを、授業者と参加者が対話することを通して、授業者と生徒の「ズレ」を表面化させるのである。

授業巡回をする中で、それぞれの授業者の形で「学び」と「楽しい」が共存する授業を生み出していく過程に立ち会うことができた。そのような授業は、それぞれの教員が教材研究、授業実践の中で「楽しい」「学び」と感じたものを素直に生徒目線に立って授業デザインしていた。

授業巡回で数多くの授業に「参加」したが、私だけが学んでももったいないので、授業の様子をGoogle Chatを用いて校内で共有することとした。

5．2学期以降の取り組み　～「もとには戻らない、戻さない」～

2学期に入り、コロナ対応として多くの学校が通常に戻す中、本校では「Only One for Others」のさらなる実現のため、下記の取り組みを実施することとした。

①35分授業の継続

感染拡大状況を見ながらの授業時間の再考。授業者の授業デザインの再定義。対面授業と自宅での課題のバランスの意識化。探究的な学びへの促し。

② ICT機器の活用

BYOD（Bring Your Own Device）形式で、各家庭がICT端末を準備。

③課題解決学習日の設定

祝日や学校行事とのバランスを考慮しながら、オンラインと対面のハイブリッド形式のカリキュラムへのチャレンジ。

生徒は「教えないと学ばない」という存在ではない。生徒は「学びたい」と思っている。「学び」に対して教員が誠実に向き合うこと、教員自身が自問自答し、学び続ける姿勢を持つことが、何よりも生徒を「Learner」へと導く最良の取り組みである。

緊急事態宣言下、教員は普段の50分授業を、動画ならば15分でまとめていた。ということは、今までの授業では、その差の35分間は

①生徒と授業者のやり取り

②生徒間のやり取り

③授業者が黒板に書き、生徒は板書をノートにうつす

④教員が（十分な時間をかけて）（ダラダラと？）説明する

という時間を過ごしていたことになる。授業動画の配信を通して、授業者は否応にも自分の授業を分解、分析するきっかけとなった。そこで「③生徒は板書をノートにうつす」「④教員が（十分な時間をかけて）説明する」が本当に必要なのか、という疑問が多くの教員の中で起こってきた。

そこで、今までの授業の「当たり前」（授業時間の枠、ケータイの禁止のルール、課題のあり方など）を問い直し、検証することによって本校の取り組みは新たな展開に入ることになった。

まずは、対面授業における「学びの深化」のためには、ICT機器の活用が必須であることが共有された。中学生・高校生年代では、色々な学びの体験を持った生徒が教室に集まっている。そのような中で、授業者が一方的に知識を教授するのではなく、生徒間でのやりとりを促すことによって、新たな発見を得ることができる。そのために生徒各自が考えたことを共有するためのツールとしてICTの活用が必要となった。当然、ICTの活用が「目的」ではなく、生徒の学びを社会とつなげることを目指すこととなり、おのずとICEモデルとの連動が重要になっていった。

また、2学期から生徒がICT機器を保有したことにより、家庭での学びのデザインも変革することにした。今まではドリル学習の「宿題」が多かったが、探究

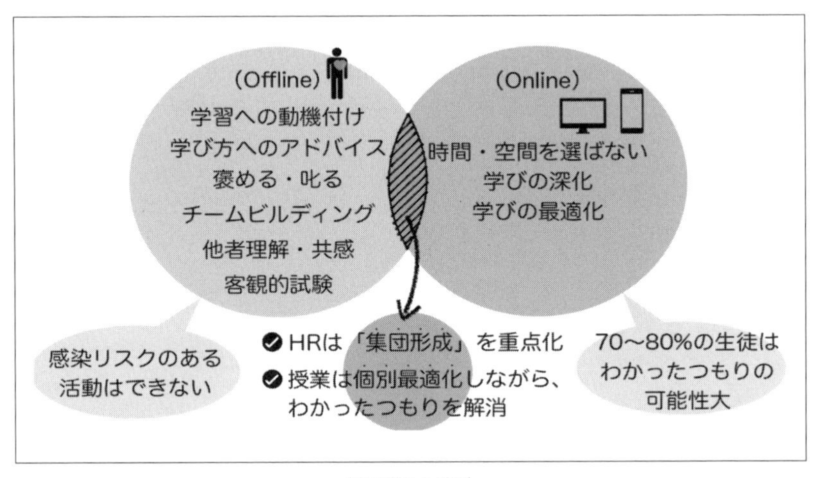

（ICT機器の活用）

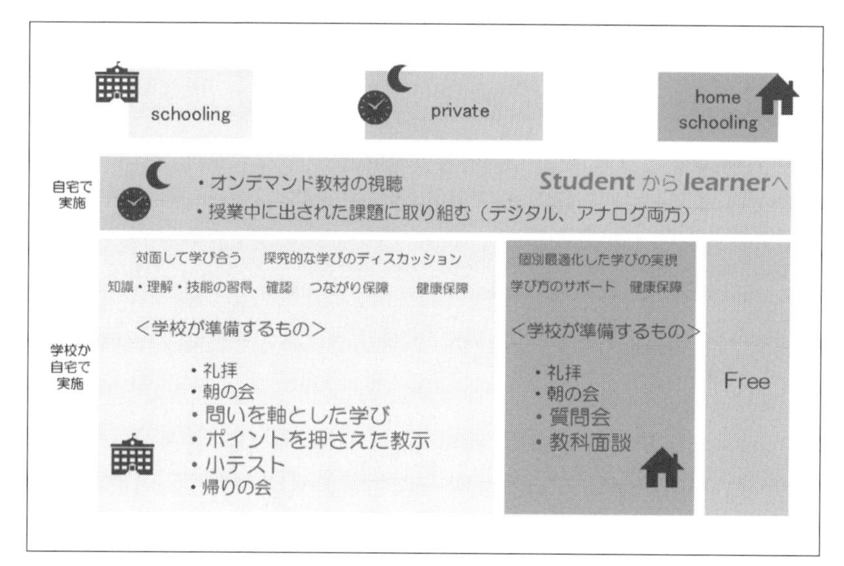

（課題解決学習日）

的な「課題」を提示することにより、「やらされる勉強」から「取り組む学習」へと変化していった。

ICT機器の活用は、生徒間の共有ツールだけでなく、学校と家庭をつなげるツールにもなる。そこで思い切って通常期間中に課題解決学習日を設定し、オンラインならでは、の取り組みを行うこととした。具体的な取り組みとしては

①合教科の取り組み

オンラインにより「時間割の枠」からの解放。

②学年を超えた取り組み

クラブや委員会だけでなく、「学年の枠」を超えた授業の設定。

③テーマを設定した課題解決学習の取り組み

「クラスの枠」を超えて、テーマごとに参加したい生徒間での学び。

などが行われることになった。「時間」「学年」「クラス」など、色々な「当たり前」の制約から解放されたことにより、教員の中にも色々なチャレンジがでてきた。

次項では、その全体的な取り組みの中で象徴的であった現代社会の授業実践について、伊藤航大先生からの報告を示したい。

6．コロナ禍でも学びを止めない現代社会の授業

伊藤航大

コロナ禍でも生きたコミュニケーションを

2019年度までの本校の現代社会の授業では、1単元を1授業で実施し、全ての授業でディベートを行っていた。各単元に沿った問いに対し、生徒は賛成派と反対派に分かれ、ディベートを行う。その後、ディベートを踏まえての自分の意見をワークシートに書き、提出するところまでをパッケージとしている。これは皆川先生の授業探訪で報告された通りである。

現代社会では、休校や分散登校の中でも生徒が学び続ける可能性を模索し続けた。2020年2月頃より、新型コロナウイルスへの備えもあり、本校ではオンラインの準備が急速に進められ、2020年3月からGoogle Suite（現Google Workspace）とロイロノートが用意された。現代社会で求める力である「話し合う」「仲間の意見を聞いて自分の意見を見直す」という目標は、対面でなくても実現できるかもしれないと思い、校内のパイロットケースとして2020年5月よりGoogle Meetを用いた授業を試行した。

2020年度の授業を説明する前に、2019年度までの授業との比較を示しておく。従来の50分授業では、出欠確認の後、その授業で扱う内容についてのレクチャーを行う。15分程度に収めることができていたのは、前の授業で今回の授業についての授業プリントとテーマに関する新聞プリントをあらかじめ配布しているためである。内容のレクチャーを短縮することで、ディベートの時間を確保していた。

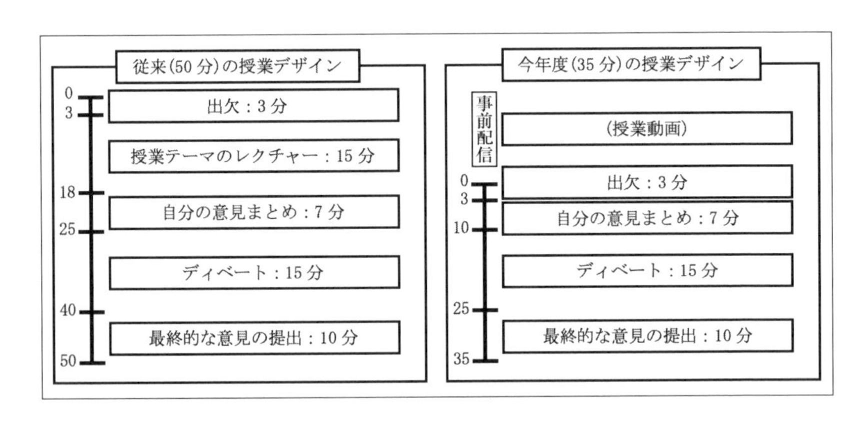

2020年度は授業時間を35分に短縮することになったため、レクチャーを授業時間からまるごと取り除いた。優先順位を考えたとき、授業者が一方的に話す時間は優先度が低いと判断したためである。その代わりに、レクチャーは授業動画という形でその授業を行う週の月曜日に配信をすることにした。パワーポイントのスライドを大きく映し、授業者をワイプで映した。授業者の表情や身振りを小さくても見せることで、対面にこそ劣るものの、生きたコミュニケーションを可能な限り再現したかった。

（授業動画の様子）

現代社会としての「学び」

現代社会では、「対話」を何よりも重視してきた。授業者が知識を50分間話し続けるよりも、異なる背景で育ってきた高校２年生の男子が、それぞれの経験をもとにして話し合う場を大切にするためである。学習指導要領（平成30年告示）の「公共」の目標にも「人間と社会の在り方についての見方・考え方を働かせ」とあるように、社会の在り方について、人間との関わりをもって考えることは欠かすことができない。実社会では、全ての人は多様な背景や利害関係をもつことから、現代社会の授業はそういった人たちを理解しながら、より良い社会を築くための練習の場であると捉えている。そのために、現代社会ではディベート形式の授業を取り入れているのである。また、実社会の最前線で活躍する方に講師として来ていただき、ディベートのファシリテーションをお願いすることもある。専門家が日頃対峙する視点を生徒の対話の中に入れることで、生徒がその問題をより身近に感じられるようにするためである。

しかし一方で、2020年度は極力他人との接触を避けることを優先しなければならなかったため、講師を招聘するには細心の注意を払い、時期と教室の構造を可能な限り工夫した。2019年度よりも講師の数を大きく減らし、それでも税理士、社会保険労務士、お金の教育や消費者問題などに取り組まれるエンカレッジ株式会社代表、環境活動家など計６名に来ていただき、ディベートを行った。

オンラインと対面のアウトプットの質の違い

対面でのディベートに加えオンラインで授業を行ったが、私は当初心理的な壁を大きく感じていた。

オンラインディベート、オンライン上での提出課題を実施する前は、目の前に生徒がいないことにより表情などを見られないことや、生徒はなかなか発言しないのでは、などの不安が私に大きくのしかかっていた。しかし、実際にやってみると、生徒はむしろリラックスした状態で参加しているような印象を持った。インターネットで関連記事を参照しながら話す生徒や、目の前はディスプレイであるにも関わらず、身振り手振りを頻繁に用いて熱弁する生徒もいた。普段発言の回数が少ない生徒も発言するなど、ディベートはむしろスムーズだと感じる場面もあった。登校した際に生徒に感想を聞いてみると、「周りの目が無いから、発言するハードルが低くなった」「オンライン授業では、声ではなくチャット機能を活用することで、自分の頭を整理しながら発言することができた」などと話してくれた。Google Form による提出課題についても、「頭で思い浮かんだ言葉や文章を、手で書くよりも素早く表現できるから、デバイスで提出する方がやりやすい」と話していた。確かにペンを握り書くスキルは大切であるが、その授業で求める力によって使い分けられる良さを感じた。

また、２学期後半にはロイロノートを使用してのオンライン授業も実施した。ディベートのテーマに対する賛成・反対を、それぞれ赤・青のカードに書くよう指示し、集めて画面を共有する。生徒の目の前には、クラスの仲間の意見が文字化され、より思考を深めることができるように工夫した。

2020年度、オンライン授業を通して常に考え続けたことは、授業を行う価値についてである。同じ空間と時間を共有している環境でしかできないことを対面授業ですべきであるという意識を強く持つことができた。本校のスクールモットーである「Only One for Others」の実現のために、現代社会の授業では生徒個人の成長背景や考え方を大切にしている。ディベートで出た意見を、生徒は「誰が発言したか」ではなく「何を発言したか」というマインドで捉え、テーマに向かって熟考している。授業動画の配信やオンライン授業の実現により、生徒の「学び方」までそれぞれの生徒の特性に合ったものに近づけることができた。一方で、生徒の思考や創造性に関する内容をより深く追求する機会は得たものの、評価に関する部分は再考の余地がある。依然知識を問うものが多く、違和感を持ちながら授業展開をした1年であった。評価の面からのアプローチも必要であると考える。

7．課題
～教育現場だけでなく、社会全体で考えなければならない「評価」の問題～

評価は「それまでの学び」を振り返り、「これからの学び」を生徒自身がデザインするための、生徒のための学びの指標であるはずである。そのような観点からコロナ禍にあって定期試験と平常点の比重を変更することにした。また、平常点のあり方もこれまでの「ノート点」「課題の提出状況」「小テスト」だけでなく、課題のあり方・内容そのものも再考することとなった。

しかし、まだまだ評価の中で「評定」を重視する慣習がある。学校推薦型選抜（かつての指定校推薦）など大学入試でも「評定」が重視されることもあり、生徒・保護者は「評定」を意識せざるを得ない。そもそも何のために評価を行っているのか、どのような評価が生徒にとって次の学びへとつながるのかを、今後も検討していかなければならない。

8．今後の取り組み、実践
～新たな授業の取り組みと教員コミュニティの形成～

コロナ以前から、本校では「学びとは何か」を議論していた。社会科の科目においても、高校2年生の学校設定科目「現代の社会」では学校CMを作成したり、ビジネスプランコンテストに出品するなどPBL型学習を科目として設定している。また、中学2年生の歴史4単位では、3単位は系統学習、1単位は歴史探究の科目を設定するなど、探究的な学びを自由にデザインできる雰囲気がある。今後もコロナ禍で考えさせられた「授業とは」「学びとは」「学校とは」という問いに誠実に向き合うことによって、よりよい授業を展開していきたいと思う。

また、コロナへの対応に取り組む中で、改めて「チーム学校」について考えさせられた。「教育が変わることによって社会が変わる」、私の信条である。個人の取り組みではソーシャルインパクトは起こせない。教育というプラットフォームは誰しもが人生の中で通過するものであり、教育インフラは重要な社会基盤である。そのような社会基盤を変革していくためには個人プレーではなく、チームプレーであることが大切である。

その教育に取り組む先生たちが、学校の枠を超えてコミュニティを形成することは極めて重要であると感じている。皆川先生が主宰されているFacebookグループ「社会科教員の集い」では、コロナ禍における各々の学校の取り組みを本音で情報交換でき、本校における取り組みを考える上でとても参考になった。オンラインでの取り組みであったため、東京近辺だけでなく、日本全国の先生方と交流することができた。オンラインによって時間だけでなく、場所の制約が超えられることも体感できた。このような学びを生徒にも届けていきたい。すなわち、「同じ地域に住み、同じような環境の中で生活している人が、同じ年齢同士で学び合う」という今までの「当たり前」から脱却できる可能性を感じることができたのである。

先生1人に対して生徒30人が日本の標準な教室の風景である。しかし、先生は孤独な存在であってはならない。物理的にだけでなく、精神的にも支える仕組みが必要である。先生たちが自分自身の「強み」を認識し、それを前面に出せる授業設計ができ、先生たちがチャレンジし続ける姿勢を持ち続けられることが教育改革を進めていく上で最も重要であることを、コロナ禍で強く認識させられた。

今回の授業探訪の皆川先生のようなポジティブな意味での授業分解・分析、フィードバックする人材が増え、このような取り組みが広まっていくことが重要であると考えている。

最後に、お気に入りの言葉を２つ。

「学ぶことをやめたら、教えることをやめなければならない。」

（ロジェ・ルメール（元フランス代表サッカー監督））

「凡庸な教師はただしゃべる。よい教師は説明する。すぐれた教師は自らやってみせる。そして、偉大な教師は心に火をつける。」

（ウィリアム・アーサー・ウォード（アメリカの教育哲学者））

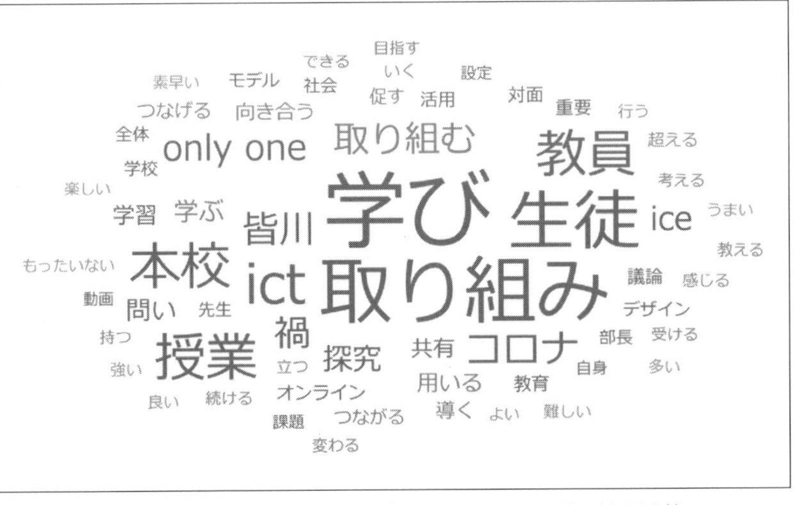

（本稿をテキストマイニングしてみた（https://textmining.userlocal.jp/ より））

授業実践②

授業デザインの時代へ

～単元を貫く問いの設定～

梨子田　喬
岩手県立盛岡第一高等学校（岩手県・公立）教諭

1．コロナ禍の応急措置としての授業ではなく新学習指導要領へのステップとなる授業をするには

新学習指導要領（平成30年告示）の施行が目前に迫ってきた。日々、あれも、これも、と膨大で難解な歴史用語を教えながら、常に授業進度に追われている。さらには眠そうな目の前の生徒の興味も惹かなくてはいけない。ペアワークをすればおしゃべりばかり、グループ活動をすればフリーライダーがたくさん。深い学びどころではない。さらに、単位数は減る。主体性を評価しなくてはいけない。新学習指導要領の求める授業などできるのだろうか、という多くの歴史教員の本音が漏れ聞こえてくる中、そこにきて、このコロナ禍である。あれもこれもと新学習指導要領に向けた準備がのしかかっているのに、感染症対策にも留意しなくてはいけない。グループワークは難しい状況であるのに、深い学びは追求していかなければならない[(1)]。無理難題に近い、というのが大方の本音だろう。

私自身、取材時（28ページ）のようなジグソー形式の授業を2017年４月から

⑴ 文部科学省「新型コロナウイルス感染症の影響を踏まえた学校教育活動等の実施における「学びの保障」の方向性等について（通知）」令和２年５月15日。

2020年３月まで３年間実施しており、講義らしい講義をしばらくしてこなかった。コロナ禍の始まった2020年春の岩手県は、全国で唯一感染者が出ておらず、通常の時間割で対面授業が実施されていた。講義形式を中心とせざるを得ない状況下で、深い学びを実現するためにどうすれば良いか。そして、それは、ただコロナ禍の応急措置としての授業ではなく、迫る新学習指導要領へのステップとなる授業にしたい。それはどのようなものであるか。そんなことを考えているうちに「単元を貫く問い」を設定した授業に思い至った。

2．単元を貫く問いを設定した授業実践　――中国はなぜ一つか

「ヨーロッパの面積は、1018万㎢、中国の面積は960万㎢である。同じくらいの面積にもかかわらず、ヨーロッパは47ヶ国に分かれているのに対し、なぜ中国には１つの国しかないのか。」

上記のような問いを、「単元を貫く問い」として古代中国（黄河文明から漢まで）の単元全体にかぶせた。といっても、上の問いの解決へと直接導くような授業をするわけではない。まず、一連の授業に入る前のまっさらな状態でこの問いに対する仮説を考える。その後、毎回の授業の最後の５分程度で、この「単元を貫く問い」と授業内容との関連づけを促し、この問いに対して自分で考えた仮説をスマートフォンを使ってアンケートフォームに入力していく。

そして、⑤まで終わった段階（次ページ**資料１**）で、エクセルシートに出力し、①～⑤のこれまでの自分の仮説を参照しながら、⑥の最終仮説を作成する。そして最後に自分の学び方を振り返っていく（⑦)。こうして**資料１**のような学習のポートフォリオが完成する。

資料１の生徒の仮説の生成過程を分析してみる。授業前（①）は「大きな帝国を統治するシステム」と漠然とした仮説であったが、一連の学習を通して、広範な土地支配の仕組みとして「封建制」、「富国強兵と中華文明圏の拡大」などの理由が挙げられていく。秦漢の学習（⑤）後は、「諸侯が力をつけてしまうために」という理由で「封建制」は退けられ、かわって郡県制が注目され、最後には「中央集権国家」というキーワードが登場し、最終的な仮説としてまとめ上げられていった。

資料1　生徒の仮説の生成過程

エクセルシートになっており、生徒の番号を入力すると、記録がよびだされるようになっている。

History lab

番号　　　　名前

西欧1018万㎢、中国960万㎢。西欧は47カ国、中国は1つ。中国はなぜ大きく、1つなのか。

① 中国はなぜ大きく1つなのか　授業前　♠

古代の中国文明の時代から、広大な土地で文明が栄え、それと共に身分制も自然と作られたので、強大な権力を要す王が大きな帝国を統治するシステムが代々受け継がれてきたから。

② 中国はなぜ大きく1つなのか　プリントNo.22　♣

かなり東にあった小さな殷の後に周が成立して、その都が殷の都と比べてかなり西にあり、かつ封建制の実施により、王が諸侯に土地を与え、諸侯は卿・大夫・士に各都市を与えて治めさせたので、更に広範囲な土地を支配する仕組みが作り上げられたから。

③ 中国はなぜ大きく1つなのか　プリントNo.23　♦

春秋時代では、周王の勢力が衰えるのに従って各地の諸侯が自由に勢力を伸ばして、王と名乗るまでに成長した。また、戦国時代では、鉄製農具の使用によって、農業が盛んになり、人口が増え、商業が活発になり、貨幣も生まれて、富国強兵が実現し、文化圏が徐々に拡大して、遠方の地方にも文化が浸透し、中国文化圏が拡大した。

④ 中国はなぜ大きく1つなのか　プリントNo.24　♥

礼を重んじる儒家から、規則を作って礼を重んじない人を罰する法家へと発展したことで、宰相が生まれ、国が安泰へと向かった。また、自分の思うがままに外交を支配する縦横家が生まれたことで、同盟等が盛んに結ばれ、他方では、他地方との争いが起こり、一体化が促進された。

⑤ 中国はなぜ大きく1つなのか　プリントNo.25　★

法家の思想を取り入れた商鞅の改革の後、始皇帝が文字・度量衡・貨幣を統一して、更に法で厳しく取り締まり、統一国家の秦を作り上げた。諸侯が力を付けて好き勝手振る舞う封建制度を廃止して、郡と県に分けて役人を派遣して治めさせる郡県制を採用することによって中央集権国家体制を完成させた。その後に出来た漢は郡国制を敷いたが、呉楚七国の乱で全国が郡県制になった。その後の武帝の対外政策により、領土を広げた。

⑥全てを振り返って「中国はなぜ大きく1つなのか」をまとめる　◎　　（授業プリントを参考に）

周の時代から続いた封建制では、あちこちの諸侯がそれぞれ力を付けて、権力を濫用して好き勝手政治をしていたので、半ば無法地帯のようであった。そこで秦は、全国を郡と県に分けて中央から役人を派遣して統治する郡県制を敷いて、中央の政策を地方のすみずみにまで浸透させるとともに、法律で厳しく人民を取りしまった。呉楚七国の乱の後、全国が郡県制となり、中央集権国家が完成したと共に、臣下人民に身分差を認めず、強力な権力を行使してトップが政治をする一君万民の体制が整えられた。また、武帝の対外政策によって、周辺国の多くも中国領土となり、大きな領土をもつ中国が出来上がった。

⑦ワークシートを振り返って各授業で、学んだことを関連付け、大きな一つの問いの答えを探していくような学び方ができましたか？

中国の長い歴史の中で、なぜ中国が大きいのかという答えのない問いを追究するのはとても難易度が高かった。儒教が国民をひとつに団結させたのか、とも考えた。しかし秦の時代に弾圧されているのに後に国教と定められていることなどから、儒教への忠誠心は時代によってあったりなかったりで因果はあまりないと判断した。また、鉄製農具と牛耕による影響も考えた。人口増加と商業活発、富国強兵が成し遂げられて文化圏が拡大したのは事実だが、このことが国民全員を様々な面で統率した要因になったとは考えづらい。よって法律で民衆を厳しく取り締まり、中央の政策を直接地方にも強力に浸透させ、地方ごとの諸侯の力を弱めて、身の回りのあらゆるものを統一した秦(漢)の時代に答えがあるのではないかと考えた。
このように、答えが曖昧な問いに対して、色々な選択肢を色々な知識を関連させて挙げ、消去し、の繰り返しをすることによって、自分なりの答えに近づくことができたと思う。このような難問を通して、思考力を入試に向けて養っていかなければならないと痛感した。

資料２　テキストマイニング（ワードクラウド）による全体傾向の分析

①から⑥までを比べていくと、授業が進むにつれて具体的となり、学習が深まっていくことがわかる。

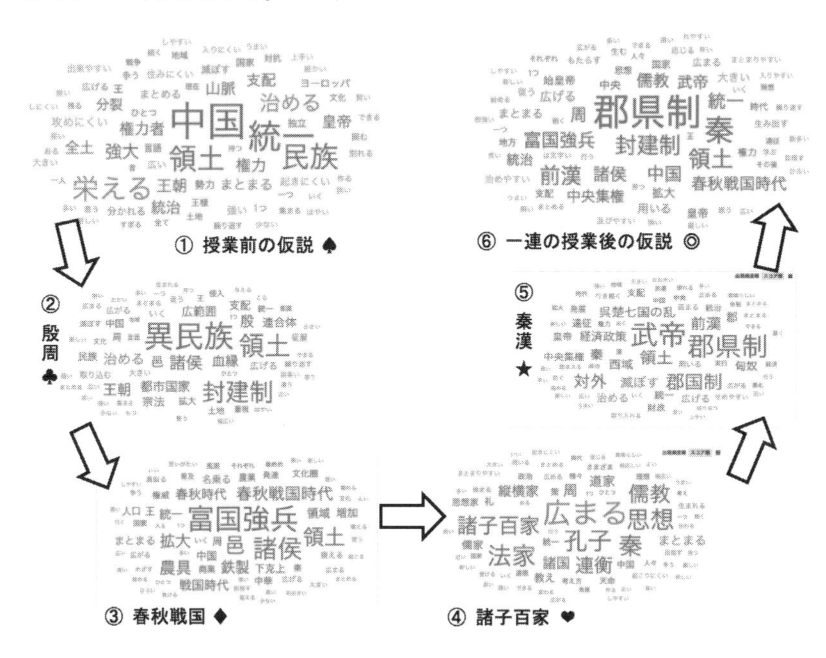

続いて、生徒全体の傾向を見るためにテキストマイニングを用いて(2)分析してみた。（**資料２**）

資料２の分析結果を見ると、授業前は「民族」「権力」「栄える」など漠然としており仮説をつくるのに苦戦をしていたが、授業を重ねる中でより具体的になっていくのが見てとれる。生徒たちの入力総文字数も、授業前は5000字程度であったものが、最終の回答は２万字を超えるなど一人当たり平均４倍もの記述量に膨れ上がった。具体化していった要因としては、「テーマを意識し、この人物のこういう政策が問いの上で重要なのではないかなど自分なりに疑問を持ちながら授業を受けたら、答えも徐々に具体的になっていった。」（**資料３**）という生徒の言葉に現れているように、課題意識が生まれたことによるものだろう。そのほかの

---

(2) テキストマイニングは https://textmining.userlocal.jp/ のサイトを用いた。

生徒の振り返りを見てみると、共通点を考えたり、関連づけたりする学習、用語暗記ばかりの学習態度を改めようとする姿勢など、深い学びに向かう学習態度が認められた。

資料3　生徒の振り返りより

「深い学びを経験するいい機会だった。」「中国の歴史の共通点なるものを自分なりに見出せたと思う」「自分はいかに言葉だけを覚えようとしているのかを思い知らされました。」「テーマを意識し、この人物のこういう政策がテーマの上で重要なのではないかなど自分なりに疑問を持ちながら授業を受けたら、答えも徐々に具体的になっていった。」「今までのやり方を変えるべきだなと思った。」「答えを見つける為に多くの発想をして注目することができました。先生の言っていることや授業プリントに書いてあることを理解はできるけど、前に学んだことと関連付けることが苦手らしいと思った。」「関連付けて考えるようになる一歩にはなったと思う。学び方をまなんだ。」

高等学校学習指導要領「地理歴史編」（平成30年告示）においては、「見通し」や「見通す」という言葉が120回、「生徒の学習への動機付けや見通しを促しつつ」というフレーズは実に18回も繰り返し用いられるなど、見通しという言葉がぐっと前に出てきた印象がある。それだけ、「学習の見通しを立てたり学習したことを振り返ったりする活動」の重要性が増しているということであろう。何を学ぶのか、なぜ学ぶのか、なぜこの方法か、この学習課題の先には何があるのか、この学習内容の本質はどこにあるのか、など、学習活動に対する視界をクリアにしないままで、生徒に主体的に学習を進めなさいでは、難しいだろう。「主体的に」、という言葉の意味は、「積極的に」という意味程度に「ふわっ」と捉えられがちであるが、そうではなく、「自らがハンドルを握る」という意味であるべきであり、生徒が自らハンドルを握って前に進むためには、学習の視界を確保させなくてはいけない。その意味で、「単元を貫く問い」を大きな学習活動のまとまりのなかで設定することで、学習活動における生徒の視界が開け、学習活動への見通しを持たせる効果が期待できる。特に、学習活動に対して、課題意識を持たせ、主体的な姿勢を形成していく効果は大きいだろう。

資料４　単元の構造図

単元を貫く問い【授業前】
「ヨーロッパの面積は、1018万㎢、中国の面積は960万㎢である。同じくらいの面積にもかかわらず、ヨーロッパは47ヶ国に分かれているのに対し、なぜ中国には1つの国しかないのか。」(♠)

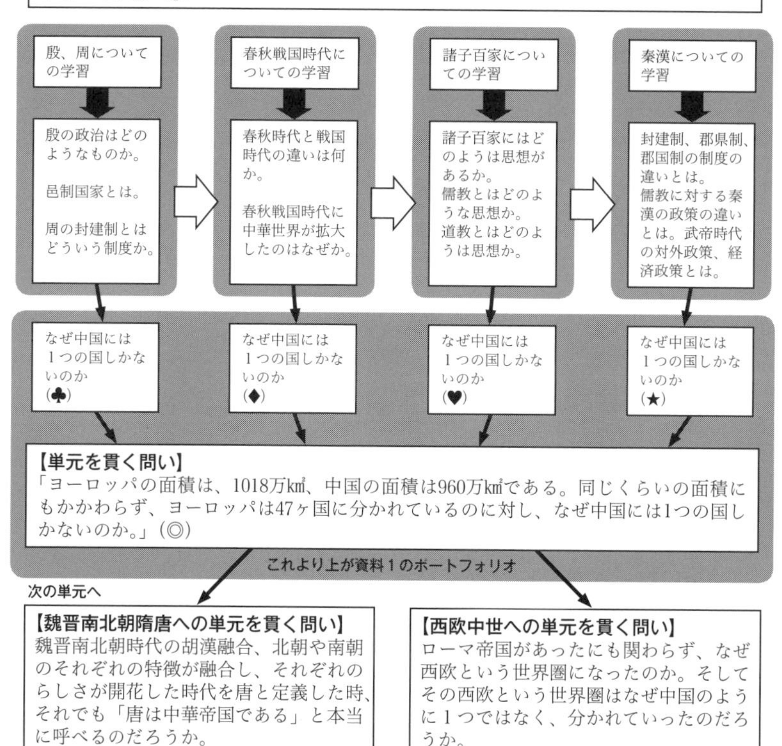

３．「単元を貫く問い」で学習の深化を見とる　～観点別評価につなげる～

「単元を貫く問い」があると、学習者は長期的なスパンで一定の問いや仮説と格闘することになる。そのため、その仮説の変化を分析することで、生徒の学習に対する行動変容や成長を見とることができる。以下、「単元を貫く問い」を設定した学習評価について、特に「多面的・多角的に考察し表現する姿勢」と「主体的に学習に向かう態度」の２点について考えてみたい。

資料5　生徒4人の仮説の変化

	Aさん	Bさん	Cさん	Dさん
① 授業前 ♠	かつて1つの王朝が広い領土を支配し、その後他からの侵略、侵入が無かった(少なかった)ためそのまま残っている	分裂せずに1人の独裁者のような人が治めていたから。	アメリカの州のように自治区とか省が分かれているから。また、地理的に山脈とかが無く平地だから。	複数にわかれていたがそれを統一した権力者が強かったから。国境となる山や川が少ないから。
② 殷周 ♣	1つの王朝が多くの邑によって構成されていたので、邑がたくさんあることでひとつにまとまっていた。	周の封建制で血縁重視であったため、その血縁重視の風潮が代々伝えられて広まっていったから。	邑ができて、邑制国家になったり封建制へとなったりしたので宗法により1番上の王を敬うようになったから。	ひとつの国に異民族が侵略していって拡大したから。よって異なる文化はある。
③ 春秋戦国 ♦	たくさんあった邑を諸侯たちが従えていき、領域は広くなりまとまっていったから。	分裂はしていたが、都合のいい時には中国として名乗り、中国文化を真似ていった。また、鉄製農具や牛耕の普及によって、農業生産の増加、人口増加、富国強兵を通し、文化圏が拡大したから。	春秋・戦国時代の争乱によって、長江の向こう側の民族も中華に加わり、1つにまとめられたから。	わかれているそれぞれが他には負けじと権力を拡大していき、結果それがひとつに統一されたから。
④ 諸氏百家 ♥	思想を広め、それを共通理解にすることで、国がまとまりやすくなり、大きくても1つになれたから。	諸子百家で様々な思想家たちの様々な教えをとくようになり、それが言い伝えられて広まっていったから。	儒家や法家、道家など思想が広まったことで為政者がその思想を取り入れて政治を行ったから、国民に同一した思想が植え付けられたから。	たくさんの思想ができたが考えが統一されたことで政治に対しても同じ方向に向かうようになったから。
⑤ 秦漢 ★	1人の皇帝がそれぞれの地域を実質直接統治する国家の仕組みが成り立ったから。	時代ごとにあった政治制度をもうけ、実質皇帝支配を行い、皇帝の権力を高めていったから	武帝の政策によって領土が広がると共に財政難の解決と庶民の生活の安定が図られたから。	未入力
⑥ まとめ ◎	まず殷の時代では各地でおこった多くの邑が王都に従属することで広域的な王朝国家が成立し、春秋戦国時代には諸侯たちが覇者を目指して争う中で自立性の強かった邑を直属の領域にすることで次第にまとまっていった。その後遂に秦が中国を統一して、郡県制によって中央が各地を直接支配する中央集権国家が成立し、『一君万民』の構図となった。さらに文字・度量衡・車軌の統一や焚書坑儒による思想の統一も中国としてのまとまりを強めた。これらのことが中国が大きく一つである理由である。また、その後も漢では実質全国が郡県制に移行し、秦の時代に作られた大きく「一つの中国」が続いていった。	中国は周の時代に血縁重視の封建制であった。春秋戦国時代には都合に合わせて覇者を目指した諸侯達が「王」や「中国」と名乗るようになり、富国強兵の元で文化圏が拡大していった。また、儒教は周の時代を理想とし、諸子百家で様々な思想や学問が広まっていった。秦の始皇帝による統一が行われると、封建制が廃止され郡県制が採用された。秦の崩壊後、前漢は郡国制を採用し、呉楚七国の乱により実質全国郡県制となり皇帝の権力が大きくなった。全盛期の武帝は対外政策も行った。	春秋・戦国時代を通して各国が富国強兵を図ったので領土が拡大し、その後、中華思想が全土に広まったから国民が同じ民族だという考えを持つ様になったから。	複数にわかれており、それが負けじと拡大されていき、結果として統一されたから
⑦ 振り返り	「中国はなぜ大きく1つなのか」というバフっとした問にアプローチすることで、その時習った出来事をその場の流れで覚えるのでは無く、(その出来事が)なぜ起こったのか、どのように影響を与えたのか、など**いくつかの視点**から考え、**俯瞰するように全体の流れを捉える**ことに繋げることができました。	毎回の授業でキーワードをみつけ、一つの問題に対して考えるのは難しかった。**自分で**今までこのような勉強法をしたことがなかったが、**自分の頭で**関連付けて考えるので、力になった。全体をまとめるのが**1番難しかった**。関連付けの能力は必要だと思うので今後もこの学習法をやってみたい。	世界史と何かを**繋げて考えることがあまり出来なかった**。唯一できたのは武帝の政策を経済と繋げたくらいだった。意識して**楽に覚える**。	それぞれの授業毎に考えが変わっていて関連性がないと思いました。異民族について書いていたり、思想について書いていたりしたのでそれをも繋げられるように日本語力を高めたいです。

春秋戦国時代の授業のみで、仮説を作成しており、多面的・多角的に考察しているとはいえない。

授業を重ねるにつれ、他の生徒は仮説が充実していくが、Dさんは最後までほとんど変容が見られない。

複数の授業の学習を組み合わせて仮説をつくろうとしているが、関連づけがされず、問いに対する答えになっていない。

複数の授業の学習を組み合わせて仮説を作成しており、多面的多角的に考察していると言える

資料5の**A**さんの仮説を分析していくと、「邑が王都に従属することで広域な王朝国家が成立」「春秋戦国時代の領域拡大」「それぞれの地域を実質直接統治する国家の仕組み（郡県制）」など、小単元での学習内容を一つの視点として、それら複数の視点を組み合わせながら最終の仮説（⑥）を作成していることがわかる。本人の振り返りにおいても「いくつかの視点から考え、俯瞰するように全体の流れを捉えることに繋げることができました」と述べられているなど、学習指導要領の求める「多面的・多角的に考察し表現」をする学習が行われている。

思考判断表現の観点として「多面的・多角的に考察し表現する姿勢」を評価するならば、「（ア）単元を貫く問いに対する仮説として説得力を有し、かつ、（イ）各小単元の学習内容を一つの視点とし複数の視点を組み合わせるなど多面的・多角的に考察し表現することができている。」を規準として評価していけばよい。**A**さんは、（ア）（イ）をともに満たすのでＡ評価。**資料5**の**B**さんについては、（イ）の複数の視点を組み合わせることについてはできているものの、（ア）については、学習内容をただつなげているだけの文章で、問いに対する仮説とは言えないためＢ評価として改善を促せばよい。

「主体的に学習に取り組む態度」の評価項目として設定した場合はどう評価すればよいか。中教審初等中等教育分科会教育課程部会「児童生徒の学習評価の在り方について（報告）」[(3)]では、「主体的に学習に取り組む態度」の評価として２つの観点が提示されている。

「主体的に学習に取り組む態度」の評価の観点として
① 知識及び技能を獲得したり、思考力、判断力、表現力等を身に付けたりすることに向けた粘り強い取組を行おうとする側面
② 「①の粘り強い取組」を行う中で、自らの学習を調整しようとする側面
という二つの側面を評価することが求められる。実際の評価の場面においては、双方の側面を一体的に見取ることも想定される。

①で「粘り強い取り組みを行おうとする側面」、②で「①の粘り強い取組を行う中で」とあるように、どちらの観点においても、粘り強さを見とる場面をどう

⑶ 中央教育審議会　初等中等教育分科会　教育課程部会「児童生徒の学習評価の在り方について（報告）」（平成31年１月21日）

設定するか、が求められている。例えば、答えのない問いに対し、最適解、納得解をブラッシュアップしていこうとする姿勢、長期的なスパンの中で考察を続けようとする態度など、が粘り強さを発揮する場面として想定される。「単元を貫く問い」を設定することで、長期的なスパンの中で、一つの問いに対する過去の仮説と比べることができるので、そこから学習に対する姿勢や態度の変容を追跡し「主体的に学習に向かう態度」を見とっていけば良い。

例えば、「単元を貫く問いに対して自ら思考しその仮説を粘り強くブラッシュアップする姿勢が見られる」を評価規準として、前の**資料1**の生徒に戻るが「関連させて挙げ、消去し、繰り返しをする」試行錯誤のプロセスや、**資料5**の**A**さんのように多くの観点を包摂して仮説を作成しようとする姿勢、**資料5**の**B**さんのように、「1番難しかった」にも関わらず「自分で」「自分の頭で」取り組む姿勢などを粘り強さとして評価すればよいだろう。

一方で、**資料5**の**C**さんは各小単元の仮説では学習内容をきれいに短文でまとめているが、最終回答⑤の部分をみると、ほぼ③の春秋戦国時代だけの学習内容だけで仮説をつくっており、学習を縦に通すような串を作ることができておらず、その状況は本人の振り返りで「繋げて考えることがあまり出来なかった」と述べられる通りである。この原因は「楽に覚える」という振り返りの言葉のように、学習を暗記と捉える狭い学力観に起因していると考えられ、教師による指導とその改善が必要である。

また、授業を重ねるにつれ仮説が充実していく生徒が多い中で、**資料5**の**D**さんの仮説は最初から最後までほとんど変わらず、学習に対する姿勢や態度の変容が認められない。授業前だけを比べると、**A**さん〜**C**さんと**D**さんは大きな違いがあるとはいえないが、授業を重ねるに従って、差は歴然となっていく。これは、粘り強く学習に取り組む姿勢、主体的に学びに向かう態度の違いのあらわれであり、こうした部分を主体性として見とっていけば良い。

思考や主体的に学習に取り組む態度などは、評価の難しい観点であるが、このような方法を用いると、生徒の学習に対する取り組みが可視化され評価（改善の促し）がしやすくなる。

4．授業デザインの時代へ――新学習指導要領×ポストコロナ

東京オリンピックで日本中が沸くはずだった2020年。よもやの新型コロナウイルスの流行により、突然、学校は休校となった。その後、学校は再開したものの、グループワークやペアワークには制約が伴うなど、授業環境は一変した。一方で、こうした環境制約は、単にグループで活動をさせれば「主体的対話的で深い学び」である、といったどこか安直な授業実践を再考させてくれる機会になったのかもしれない。新学習指導要領や新型コロナウイルスの授業環境の変化を受けて、これからの授業研究は、「単元を貫く問い」の設定をどのようにするか、見通しと振り返り活動をどう行うか、そして生徒たちを深い学びへとどう戦略的に導くか、などの授業デザイン、それも１時間の授業内ではなく、大きな内容のまとまりの中で「どのように授業をデザインするか」へと向かっていくだろう。

生徒たちの現状を見ると、学習内容を単純化した講義、ドリル学習による暗記など、主体的対話的深い学びの時代であっても、古典的学習方略を好む生徒もいる。新学習指導要領が実施されたとしても、最初のうちはそうした生徒の学習観を変えることは容易ではないだろう。しかし、今回「単元を貫く問い」を中心にデザインされた授業の中で課題意識や学習の見通しをしっかり持たせて取り組ませたことで、「今までのやり方を変えるべきだなと思った。」「学び方を学んだ」と感じた生徒も多く現れるなど、一定の手応えを感じた。

学校という場所では、「先生の授業をしっかり受けなさい」という言葉が飛び交っている。しかし、生徒に「しっかり受ける」ことを求める前に、私たち教師が「どのように受けるか」をきちんと構想してそれを伝えているだろうか。つい自問してしまう。

新学習指導要領の実施を控えた今だからこそ、また、新型コロナウイルスの流行により授業環境が一変している今だからこそ、学習活動を構造化し、生徒の学びの実現に向けて戦略を練り、その実現に向けての達成状況を見とることができるような授業デザインに挑戦してみる価値があるのではないか。

授業実践③

Good Try!! があふれる授業へ

～自走する学びの連鎖～

西村　博樹
京華中学・高等学校（東京・私立）教諭

1．取材を振り返って

『Research』の取材をしていただいたのが2019年９月。第Ｉ章の授業実践で、授業の一コマを撮影していただいた写真を見てみると、およそコロナ禍が到来することなど微塵も感じさせない様子がうかがえる。テーブルを囲み課題に取り組み、議論を展開する生徒たち。コロナ禍の今、その姿はない。一定の距離をとりながら、ペアワークをするのがやっとのこと。それでも人と人が対面してコミュニケーションをとる熱感は何よりも代え難い。複数人でディスカッションがしづらい状況だが、やはり生徒同士が顔と顔をつきあわせて、自らの考えを相手に伝えるプロセスは、コロナ禍になった今だからこそ、貴重なものだと改めて感じる。

実は取材時の生徒３名が、本校でTS（ティーチングサポーター）として活躍している。卒業生が生徒の学習をサポートする制度である。英語や数学、国語について教え、質問を受ける時間を設けている。グループでテーブルを囲み、ワイワイガヤガヤ話し合った時間を過ごした卒業生たちは、苦もなく生徒とコミュニケーションをとりながら相手の考え、ニーズを把握し、提案につなげている。大勢の前で説明をする力にも長けている。こういった姿を見ていると、彼らが過ごした時間はとても豊かなものだったのだなあと感じる。『Research』で高２、高

3の日本史の授業を取材していただいたので、今回は中1地理の授業実践について紹介したい。期待に胸ふくらませていた中1生の学校生活はコロナ禍で一変した。彼らの期待がしぼんでしまわぬような仕組み、そして授業コンテンツを提供することを、第一に考えた。

中学1年地理　概要と流れ

2020年度	中1地理
対象	特別選抜コース（108名、3クラス）　内2クラスを担当 中高一貫コース（ 77名、3クラス）　内1クラスを担当
週あたりの授業数	4コマ／1クラス
教材	教科書、地図帳は2020年2月の登校日に配布
教室環境	タブレットの画面をプロジェクターに投影できる
4月	・課題シート郵送 ・MicrosoftTeams（以下 Teams）利用確認、オンライン HR 実施
5/12～ オンライン授業開始	・5/14に副教材（資料集と問題集）、タブレットを各家庭に配送 ・反転授業を実施（課題シートの内容についての質問をもとに授業を構成） ・教員による海外紹介動画「地理地理バンバン」を配信
6/1～分散登校 （奇数、偶数に分かれて）	・海外の国々について PowerPoint で作成し、プレゼンテーションを実施 ・OneNote で課題解決型授業を展開 ・問題集も活用し、知識の定着を確認
6/17～通常登校 （短縮授業）	
7/1～通常登校	
夏期休暇課題	・PowerPoint で海外旅行プランを作成
2学期～通常登校	・夏期休暇課題の海外旅行プランのプレゼン ・「東串良（ひがしくしら） SUMOU（すもう）!! チャレンジ」へ参加
3学期～通常登校 （短縮授業）	・OneNote で授業を展開 ・「東串良 SUMOU!! チャレンジ」へ参加 ・旅行で訪れた日本各地の地域について PowerPoint で作成し、プレゼンテーションを実施（聴衆はプレゼンをルーブリック評価）

2．オンライン授業へ

2020年４月は郵送した課題シートに取り組んだ。その後タブレット（セルラーモデル、Classi を導入）を郵送するとともに地理の資料集や問題集も郵送した。CBT にも対応できるようにキーボードの購入を推奨。課題シートは教科書や地図帳を見ながら解き進めていける難易度に設定。各自が用意したバインダーにはさんで整理し、分散登校時に提出をしてもらった。

４月は同時に、オンライン授業実施のための環境を整える時期だった。本校は生徒が GoogleWorkspace（旧 Gsuite）と Microsoft365（旧 Office365）のアカウントを持っている。当初、中１総数185名に対するオンラインでのオリエンテーション等の実施、そしてコース別の授業展開（特別選抜コースは全体で100名を超える人数）を想定したので、Teams の利用を決めた。生徒が使用していくであろう Word や Excel、PowerPoint などの基本ソフトとの互換性があったことも、学年で利用を決めた理由の一つだった。

５月の連休前に利用確認や HR を実施し、連休後にも各クラスでの HR を行い、オンライン授業のための地ならしをした。副教材やタブレットについては、オンライン授業開始とともに利用ができるように郵送しておいた。なお、毎日実施する検温、健康調査入力は Googleform を利用している。様々なオンラインツールを使えることが重要であると考えたし、生徒もこれらのツールの操作に、概ね慣れているようだった。

５月14日からオンライン授業が始まる。来たるべき登校時に向けてどのような下地をつくるのか。本来中学１年生は入学式を経て、始業式後にオリエンテーションがあり、部活動があり、５月の中間試験後に球技大会があり、宿泊行事があり…と、１学期は多くの行事がある。これらの行事が中止になり、生徒同士の絆を十分に深めることができなかった。せめてオンライン授業を通して、お互いを知り（HR で自己紹介等を実施してアイスブレークを行った）、登校時にはワクワクして友達と会えるような雰囲気をつくることができないか、そんな環境づくりをめざしつつ、オンライン授業がスタートした。

午前中にオンライン授業を実施して、午後はその日の授業の質問を受け付けた。地理の授業は特別選抜コースと中高一貫コース、あわせて週４コマ。事前に指定した範囲について学習し、その範囲の質問をあらかじめ投稿する（Teams に各コースのチームを立ち上げて、そのチーム内に各教科のチャネルを設けた。質問は地理のチャネルに投稿)。多くの生徒が理解しづらい箇所については、授業時にフィードバックしていった。授業中、生徒はノートを用意し、自分が質問したい内容、あるいは他人の質問で気になったことについてメモをしていった。

3.「地理地理バンバン」の衝撃

こうした中、教員の海外旅行や海外研修引率の時の体験をまとめた動画「地理地理バンバン」を配信した。コロナ禍の自粛で、多くのストレスを生徒は感じていたに違いない。少しでもほっとできる、楽しいと思える瞬間を提供したかった。学年に所属していない社会科の教員も参加して動画の撮影を行った。地理地理バンバンは第一回がモンゴル編、その後ベトナム編、登校時にシンガポール編と続く。生徒は視聴と同時に、質問したい内容をノートにメモしていく。毎回、視聴後に質問タイムを設け、教員（二人体制）は口頭で質問に回答する他、チャットの質問にも回答。時間内に回答できなかった質問はすべてチャット上で回答していった。生徒は、まるで現地で体験をしているかのような錯覚に陥るのであった。質問は食べ物や住環境、トイレ、気候などにおよんだ。その後数問、扱った国について確認する問題をFormsで取り組む。結果は自動採点され、すぐに自分の解答とともに各々にフィードバックされた。生徒たちは様々な異文化とふれあう中で、多様性を学び、自らの成長につなげていくが、それができない。少しでもその環境を味わってほしくて、教員の海外体験を伝える時間を設けた。地理地理バンバンは、やがて生徒自身が問い立てをする上で欠かせない、「質問力」を生徒に身に付けさせることにもなった。

地理地理バンバン（動画）の様子（筆者左、伊藤直人教諭とともに）

4．対面授業へ

オンライン授業を通してわきあがった、クラスメイトと早く会いたいという生徒たちの切なる願いが、ようやく叶うことになる。対面授業で、生徒がとまどうことなく、オンライン授業から移行していけるように意識した。

2020年6月1日から、学年オリエンテーションを経て分散登校（出席番号の奇数、偶数組が午前と午後に分かれる）が始まり、対面授業が始まった。対面授業へのシームレスな移行をめざしていたので、Teamsの利用を継続した。PowerPointで海外の国々を調べてプレゼンを実施し、作成したPowerPointのデータは、Teamsの地理チームの中のクラスフォルダに貼り付け、互いに閲覧できるようにした。作成した動画を貼り付けたり、フリー素材やアニメーションを使ったりして、インパクトのあるスライドを嬉々として作り込む生徒の姿があった。プレゼンテーションではペーパーテストだけでは測れない力を見て取ることができる。定期試験では知識を問う問題も出題するが、それらの語句を覚えるのがどうしても苦手な生徒が、プレゼンテーションになると、いきいきと、積極的に発表をするのを見るにつけて、生徒の力を測る様々なモノサシを、私たち教員は持っていなければならないと、改めて感じた。

5．OneNoteで課題にチャレンジ

OneNoteに課題を設定し、その課題を各自がコピーして、OneNoteの【ワークシート】内に格納して解いていった。授業中に今、どの問題に取り組んでいるのか、適宜教員がプロジェクターに映しながら、クラス全体の取り組みを支援。その後OneNoteの課題について調べたことを、生徒は全体に向けて発表する。

OneNoteの課題は、一問一答の問いを設定することもあったが、すぐに答えがでない問いや、解なき問いを多く設定し、生徒の興味、関心を喚起することに努めた。例えば、「なぜドイツでは自動車産業がさかんなのか？」という問いから派生して、「日本でも自動車産業がさかんな理由は？」という問いが新たに出現し、探究モードが加速していく場面があった。めざすのは「教室を出た後も話し合いたくなるような問い」、「教師の予測を超えて展開するような問い」（鈴木2019）[(1)] である。生徒は「問いのじぶんごと化」（梨子田2019）[(2)] を図りながら、

自ら問い立てし、探究する力をも身に付けていく。

地理について学んでいるが、内容は教科を横断することがしばしばある。アマゾン川に生息する動植物についての問いは生物に関連するし、地震の話は地学に関連する。日本の領土について扱ったときに、生徒から「西ノ島の噴火について理科で習いました！」と声があがった。日本の季節について扱ったときは、季語について調べ、日本語のもつ繊細な情感を味わった。異なる教科のフィールドを往還しながら、様々な文脈の中で学びが促進されると、その問いがより一層生徒にとって豊かなものになっていく。

6．授業の場作り

授業の冒頭では、生徒が問いに向き合う環境、雰囲気をつくっている。本時に、どのくらいの時間をかけて、何に、どのように取り組むのか、目標を明示している。机間巡視をしながら、個別に声がけをして、進捗状況を確認していく。「いいね！」という声がけが多い。クラス全体がプラスのエネルギーで溢れ、失敗をおそれず試行錯誤を繰り返す、そんな雰囲気をつくることができる。前向きなマインドの生徒たちは、どんどん自分のペースで課題に取り組み、その過程で感じる「ひっかかり」をもとに、さらに学びを深めていく。コロナ禍の影響で、個別に課題に取り組む時間が多い。やはりグループで顔をつきあわせて、他者と価値観を交流させる時間を確保したい。学びの連鎖が〈内〉（自己）だけではなく、〈外〉（他者）にも発生していく。そして多様な考えの中に身を委ねることで、「自分らしさ」が浮かび上がっていく。今後、オンライン授業に復したとしても、ブレイクアウトルーム機能などを使いながら、できるかぎり他者との交流機会を増やしていきたい。

---

(1) 鈴木映司「21世紀型教養をめざして－地理総合と歴史教育」（前川修一・梨子田喬・皆川雅樹編『歴史教育「再」入門』清水書院、2019年）

(2) 梨子田喬「歴史探究」と「総合的な探究の時間」をつなげる「問いづくり」（前掲書）

7．東串良 SUMOU!! チャレンジ[3]

「将来、あなたが東串良町（鹿児島県肝属郡）に住むとしたら（２週間以上）、その条件とは？」

というお題に対して、150字以内で提案をし、さらに提案をイメージした写真を添付し、チャレンジへ参加。2020年10月から翌年の１月まで、毎月の優秀賞を決め、最終的には総合優勝を決めていく。「住もう」と地元で開催される柏原大相撲の「相撲」をかけて「SUMOU」チャレンジとなっている。チャレンジをするにあたり、各クラスでZoomを利用し、東串良町役場の方、地域おこし協力隊の方にお願いをして、ガイダンスを実施していただいた（第一回出稽古）。質問の時間も設けて、町の輪郭を把握した。さらに町の移住パンフレットやホームページをTeamsにアップしたり、図書室と連携し、東串良町に関する書籍をそろえてもらったりしながら、生徒の東串良町に対する理解を深めていった。150字の投稿をする際に、まずは「力士登録」を行う。各々個性的な力士名を考えていた。11月の授業で二回目の「出稽古」を実施した。その際は、投稿した内容についてプレゼンを行い、質疑応答の時間を設けた。出稽古に関しては二回参加をすれば参加証を授与される。

資料１　「東串良 SUMOU!! チャレンジ」ワークシート

「東串良 SUMOU!!チャレンジ」　ワークシート　No____

____月____日

１年____組____番　氏名____________

お題：「将来、あなたが東串良町に住むとしたら（２週間以上）、その条件とは？」

1．現在、なぜ東串良町への移住が進んでいないか、その原因を探って、書いてみよう。
※Teams の地理に東串良町の HP と移住ガイドブックの URL があります。

2．あなたが２週間以上東串良町に住むとしたら、どのような条件があげられますか？たくさん書いてみよう。

3．2．であげた条件のうち、自分がもっとも重要だと考える条件について一つ取り上げ、その条件をより詳しく説明してみよう。

4．3．で書いた内容を、150字以内でまとめてみよう。
（練習用）
（清書用）

5．どのような写真を撮るのか、簡単にイラストで表現してみよう。

⑶東串良町ホームページ（http://www.higashikushira.com/docs/2020102600012/）に「東串良SUMOU!! チャレンジ」の概要が記載　2021.4閲覧

資料２　生徒に身に付けてもらいたい力（主体性をキーコンピテンシーとして設定）

授業や行事などで、これらの力がどの程度身に付いたのか、ルーブリックを用いて振り返りを実施している。

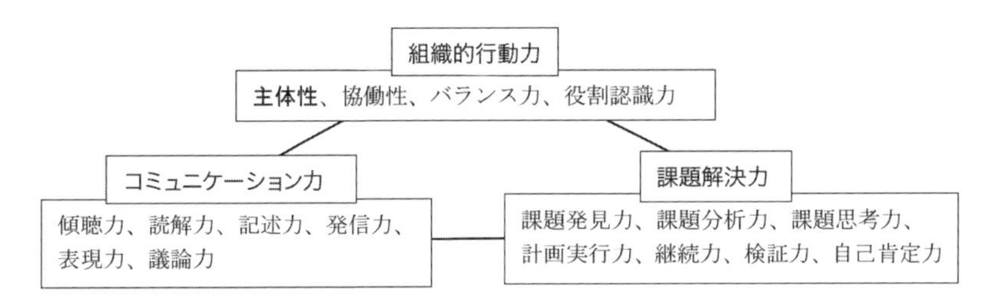

150字以内で自分の考えを書くのだが、まずはこちらで作成したワークシートに取り組んでもらった（**資料１**）。答えのない問いに挑む生徒たちは、苦しんでいた。町の予算は限られているので、現実的な条件を考えていった。いざ文章にして「書く」と、同じ内容を繰り返す、論理構成が不十分などの表現が散見された。たしかにキーボードを使って打ち込めば、書くことができない漢字は自動で変換されるし、CBT の対策にもなろう。だが、しっかりと「書く」ことに慣れていないと、CBT でも文章構成などの面で劣ってしまう。論述をすることで思考のアウトプットの練習をすることは重要である。「書く」ことによる表現力と論述力の向上が、「コミュニケーション力」を育む上で欠かせない（**資料２**）。

さて、サブスクリプションのアイデアを使う者、自分の趣味の釣りを活かして海にいかだを浮かべようとする者、様々な提案があり、見応えがあった。生徒アンケートでは「東串良の町をどのようにしたら沢山の人が来るのか想像しながら150字の文を書いた。それが楽しかった」という意見や、「自分の考えを上手く言葉で表現できなかった」という意見もあった。「考えを上手く表現できない」という経験こそが、今回このチャレンジをした大きな意義の一つである。自身の思考を表現することを繰り返しながら、コミュニケーション力も身についていく。そして、他地域を知ることは、「自分の立ち位置」、すなわち自身をとりまく環境を、他地域と比較し俯瞰することができる貴重な機会でもあった。

その後実施した定期試験において、次の出題をした。

「授業で取り上げた東串良町の“ゆるキャラ”（ご当地キャラ）を考え、イラストを描きなさい。」

Y.S. 画伯による作品「波乗りの里」

「波乗りの里」がＴシャツに（イラストレーター“もりたふみよ”さんによる）

解答の一部を紹介したい（東串良町でキャラ化をして、Ｔシャツを作成していただいた⑷)。ふっと肩の力を抜いて眺めていただければ幸いである。ちなみに10月～１月の通期で総合準優勝を獲得（東串良町の特産品をいただける）した他、多くの生徒が入賞を果たしたのは、うれしい結果であった。

8．おわりに

2022年度から、「歴史総合」や「地理総合」、「公共」などの新科目が設置される。新しい科目を学んでいく上で、中学３年間の社会科では、どのような取り組みが必要なのか。このような視点も意識しつつ、授業を展開した。やはり「どのようにして主体性を伸ばしていけるのだろうか」という問いが、眼前に深く横たわっている気がしてならない。生徒自らが進んで課題や問いに取り組むしくみ、そして前向きになれる場作りは、生徒の主体性を育んでいく。キーコンピテンシーとして位置付けている主体性があれば、自分で世界を広げ、そしてどこまでも進んでいける。新たな環境にもひるまず飛び込んでいける。授業をきっかけにして「物事に対して自分の意志・判断で責任をもって行動する」ことのできる生徒が、自分らしさを武器に生きていけることを、心から願ってやまない。

⑷読売新聞オンライン（https://www.yomiuri.co.jp/kyoiku/support/information/CO036462/20210218-OYT8T50041/）に掲載　2021.2閲覧

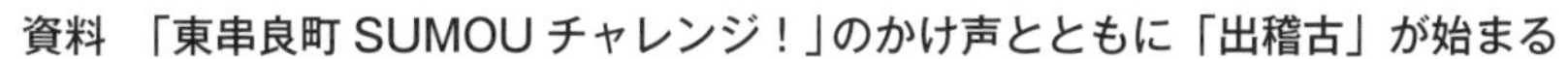

資料　「東串良町 SUMOU チャレンジ！」のかけ声とともに「出稽古」が始まる

資料　東串良 SUMOU!! チャレンジ「出稽古」にて東串良町地域おこし協力隊の方に質問

授業実践④

歴史の学びを通じて「対話」をめざす

～教科書との「対話」、歴史との「対話」、現代との「対話」～

堀越　直樹
昌平中学・高等学校（埼玉・私立）教諭・教員歴17年目

1．取材を振り返って

2019年11月に皆川雅樹氏の取材を受けてから、１年以上が経過した。外部の方からIB（国際バカロレア）コースの授業見学の依頼を受けることはよくあるので、取材の日も生徒たちは普段通りにしていたし、自分自身も普段と変わらなかったと思う。ただ、取材後には少し変化があった。まず、皆川氏が活字化してくれたことで、自分自身の授業をじっくり振り返るよい機会になった。まだまだ自分がやりたい授業ができていないと感じていたが、それを改めて実感し、その後の授業改善に向けて真剣に考える機会が増えた。また、清水書院の『Research』に掲載され、それが各学校に配布された後も変化があった。知り合いだけでなく、面識のなかった方からも「『Research』読みました」と連絡をいただくことがあり、さらに感想や貴重なご意見をいただけることもあった。自分自身の授業を相対化する機会をいただけたことは、授業改善に大いに役立っている。取材に来てくれた皆川雅樹氏と『Research』に掲載してくれた清水書院には大変感謝している。

2．〈日本史A〉の授業づくりの際に考えたこと

《ワークシートの意図》

1年間を通じて〈日本史A〉の授業で使用するワークシートの構成は変えていない。

①教科書の内容をまとめよう
②疑問点を書き出してみよう
③「問い」を立てよう
④班の中でどんな「問い」が出ただろう？
⑤「問い」について考察しよう
⑥振り返り

①と②は、授業の前日までに各自で取り組むように指示してある。

①については、生徒自身が教科書（実教出版『新日本史A』を使用）にしっかり向き合う時間をつくる効果があった。授業前にワークシートを提出することとし、生徒はほぼ毎回提出してくれた（**【資料1】、123ページ**）。授業が始まるとグループ内で発表する時間があるので、どのように他者に伝えるかも意識するようになり、その意識が習慣化されれば自分自身の理解も深まることになる。また、教科書の基本事項の確認をある程度生徒たちで済ませてもらうことによって、発展的な考察の時間が確保しやすくなるというメリットもある。

②については、教科書に向き合って整理する中で生じた疑問点について書き出してくるように伝えてある。素朴な疑問を記入してくれてかまわないのだが、調べればすぐわかるようなものは授業前に自分で調べればよいので、そうでないものを記入し、授業中にグループで共有することを促した。グループの話し合いで解決する場合もあるだろうが、解決しない場合はクラス全体で共有する。皆川氏も指摘してくれた通り、簡単に答えが出ない疑問点について考察を繰り返すことで、生徒自身が「問い」を立てることにつなげようという意図がある。

見開き2頁で1テーマという教科書の構成を考えると、毎回の授業で時代を通観するような大きな「問い」は出せないだろう。しかし、一つの正解がない「問い」、次の単元の学習につながる「問い」をつくることを毎回生徒自身が行えば、最終的に大きな「問い」を立てるのに役立つだろう。

《教科書との向き合い方》

高校1年生の〈日本史A〉を担当すると決まったとき、どのような形で授業をつくっていくのか、準備段階でいろいろ考えた。毎回教科書の流れに沿って進めるのではなく、授業者がテーマを設定し、資料を用意した上で、生徒に考察させていくような授業を実施しようかと考えたこともある。そのような形での授業実践として優れたものはこれまで全国に数多くある。また〈日本史A〉を受講しているIB（国際バカロレア）コースの生徒が高校2・3年次に受講する〈DP歴史〉では通史学習ではなくテーマ学習を行い、各テーマでは多くの歴史資料を授業者が準備することが求められる。

しかし、私は〈日本史A〉では教科書に沿って進め、教科書の内容を重視する授業を行うことを目指した。高校2年次から本格的なテーマ学習を始める前に、近現代史限定とはいえ高校1年次の〈日本史A〉で通史学習を経験しておくことはプラスになるだろうと考えた。通史学習をするとなると、見開き2頁で授業1コマを想定した教科書の構成から考えて、毎回多くの歴史資料を用意するというのは授業者にかなりの力量がないと厳しい。まずは教科書などの手持ちの教材を上手に活用することで、授業担当者が変わったとしても授業のベースの部分はすぐに引き継げるような形を考えた。ただし、全てを形式化してしまっては、授業が面白くなくなるだろう。授業者がその都度アレンジして個性を加えられる部分も多くしたかった。教科書の基本知識のまとめを生徒にやってきてもらうことで、疑問点を「問い」に発展させたり、授業者が生徒に考察させたいと思った内容を補助プリントとして配布して個人やグループで取り組ませたりする時間を確保することが可能になる。授業は決して計画された通りに進めるだけのものではなく、生徒が授業前日に提出してくれたワークシートに記入された疑問点に目を通したうえで、授業者が次の日の授業をどんなものにしたいか、その都度再考を迫られることになる。

新しい学習指導要領（平成30年告示）の〈日本史探究〉では、「この学習において重要であるのは、第一に課題（問い）の設定であり、第二に課題（問い）の追究を促す資料の活用である」とし、さらに「教師が学習のねらいを十分に把握し、ねらいに則した資料を選択し提示することが重要である」としている。教師が資料を提示することがこれまで以上に求められていることは間違いないのだが、すべて一人で用意しようとするのではなく、教科書・副教材などで活用できるものは上手に活用しつつ、教員間の情報共有を進めながら授業をつくっていくというのが新科目への現実的な向き合い方ではないだろうか。また、生徒の声・状況を反映させることによって、探究活動はより充実したものになるだろう。〈日本史A〉の授業づくりでは、新科目とのつながりも意識した。

3．授業を進めていく中で生じた反省点

『Research』を読んだ方から「アクティブラーニングの先進的取り組みですね」などの言葉をかけられることがあった。しかし、私自身は「アクティブラーニング」という言葉が教育界で流行したことで、一部の教員がその言葉の意味を誤ってとらえた状態で授業をするケースが増えたと認識しており、流行によるマイナスの面にも目を向けるべきだと考えている。ジグソー法、グループワークなどを上からの指示で取り入れるだけでは、主体的・対話的で深い学びにはならない。一方で、講義中心であっても、生徒の知的好奇心を刺激してアクティブな学びにつなげる授業は存在する。社会科（地歴・公民科）の教師として何を最重要視するかを改めて考え直せば、それは授業「形式」ではないはずである。

それでは、私自身は自分が目指す授業ができていただろうか。外部の方が授業見学に来ると、「これだけ生徒たちだけで話し合いができるのはすごいですね」などのお褒めの言葉をいただくことはある。生徒のことを褒めてくれるのはとてもうれしいのだが、私自身は満足するどころか、常に自分の力量の無さを感じていた。私がこの〈日本史A〉の授業で目指していたのは「対話」であり、皆川氏に取材を受けた時点で私の授業は不十分だったので、その後は改善を目指した。

平田オリザは『わかりあえないことから―コミュニケーション能力とは何か』（講談社現代新書）の中で「会話」と「対話」という言葉を以下のように定義している。

「会話」＝価値観や生活習慣なども近い親しい者同士のおしゃべり
「対話」＝あまり親しくない人同士の価値観や情報の交換。あるいは親しい人同士でも、価値観が異なるときに起こるその擦りあわせなど。

（前掲書95～96頁）

また、以下のような説明もしている。

「対話的な精神」とは、異なる価値観を持った人と出会うことで、自分の意見が変わっていくことを潔しとする態度のことである。あるいは、できることなら、異なる価値観を持った人と出会って議論を重ねたことで、自分の考えが変わっていくことに喜びさえも見いだす態度だと言ってもいい。

（前掲書103頁）

私は歴史を通じて、生徒同士で「対話」をしてほしいと思っている。また、教科書との「対話」、歴史上の人物との「対話」、教師や様々な人たちとの「対話」をしてほしい。生徒主体で授業を進めることによって、生徒たちは話し合いをすることに慣れていたが、「対話」を導くために私が生徒の声を上手にひろったり、生徒の様子を見たうえで効果的な仕掛けをしたりする努力が足りていなかった。このままでは授業「形式」しか印象に残らないような授業になってしまうおそれがあると反省した。

4．取材後の授業実践（「アジアのなかのモダニズム」）

ここでは実教出版『新日本史Ａ　新訂版』（平成29年検定済教科書）76〜77頁「アジアのなかのモダニズム」を使った授業実践を報告する。

「カフェ」についての議論

いつも通り、生徒たちは教科書の内容をまとめ、疑問点を出したものを授業の前日までに提出してくれた。それらに目を通していると、ある生徒から出た疑問をとても面白いと思った。それは、**「なぜ『カフェ』が太字なんだろう？」**というものだった。

教科書には以下のように記されている。

カフェがたち並ぶ街角

女性たちの新しい動きは、広告やポスター、写真などによって広く伝えられました。ヨーロッパやアメリカで展開された文化である**モダニズム**が、東アジアでも受容されたということです。東京や大阪をはじめとする日本の大都市に出現した断髪・洋装の**モダンガール**は、朝鮮のソウルや中国の上海、台湾の台北といった東アジアの都市にもあらわれています。これらの街角には**カフェ**がたち並び、東アジアの大都市にも新しい娯楽と風俗、文化があらわれるようになりました。映画やラジオ放送をはじめ、日本とともに、東アジアにおいて、新しい文化であるモダニズムの展開がみられました。

（前掲書77頁）

ピックアップ

カフェが多くみられるようになるのは、1910年代のことです。銀座には、会員制のサロンをもつカフェ・プランタンや、メイドがいるカフェ・ライオンなどがありました。

（前掲書76頁）

「なぜ『カフェ』が太字なんだろう？」は、その後の深い考察を意図したものではなく、生徒にとっては素朴な疑問だったのかもしれない。事件名や人名などが太字になることは多いが、「カフェ」のような名詞が太字になることには違和感があったのかもしれない。私は他の出版社の日本史教科書を調べてみたが、「カフェ」を太字にしている教科書は他にはなかった。しかし、この教科書の執筆者はおそらく明確な意図があって太字にしているのだろう。これは扱い方によって「対話」の材料になると思った。この生徒の声を授業にいかしてみたいと思った。

この時代の日本の「カフェ」には急速な都市化に伴って誕生した中産階級が主に通っていた。客側が求めたのは西洋風の飲食だけとは限らず、女給を目当てに通う男性客が多かった。店の外観や内装は西洋を模倣したものが多かったが、銀座のカフェ・ライオンで働く女給は和服にエプロンをつけていた。カフェの女給の収入は固定給ではなく、ほとんどはチップ制だが、即日収入が得られるというメリットがあった。女給は職業婦人の新しい仕事として認知されている。1925年（大正14年）に内務省中央職業紹介事務局が東京と大阪の女給に対して行った調査によれば、女給となった理由で最も多いのは「家計補助のため」だが、「後々カフエーを開店したいため」などの回答も少なからず存在する。貧しい家を支えるために働く女性、経済上の自立を目指す女性、女性との時間を求める男性、西洋「らしき」ものを楽しむ人々などが混在するのがこの時期の「カフェ」であり、日本のモダニズム受容を考える上で様々な材料を提供してくれる。以上のような内容を教師から生徒へ伝えることはできるのだが、まず生徒たちに教科書と「対話」をしてもらい、その後に私から補足説明をすればよいと思った。

授業当日はまず、グループ（４～５人）の中で１人レクチャー役を決め、他の生徒に対して教科書の内容を解説してもらう。レクチャー役以外の生徒は基本的に傾聴するが、必要に応じて質問をしてかまわない。その後は、各グループで出た疑問点を出し合って、グループ内で話し合ってもらう。ここまでで約10分程度が経過した。

その後、私の方から生徒全員に話しかけた。「事前に出された疑問点の中で『なぜカフェが太字なんだろう』というものがありました。私は他の出版社の日本史教科書も調べてみましたが、カフェを太字にしているのはこの教科書だけのようです。さて、なぜこの教科書がカフェを太字にしているのかについて、みんなで考えてみましょう」と言って、少し時間をとった。

机間巡視をしているとなかなか議論が深まらないグループもあったので、少し介入して助け舟を出した。「飲食のみが目的でカフェへ行くのでしょうか。また、カフェそのものだけについて考えるのではなく、今回の単元の中でカフェに行くということがどのような意味を持つかを考えてみましょう」などの説明をした。

その後も机間巡視を続けていると、面白い内容があったので、「それ面白いね。グループ内だけでなくて是非クラスのみんなに説明してあげて」と言って何人かの生徒を指名して、教室全体に向けて発表してもらった。「家にしばられる女の人が多かった中で、モダンガールとして街を歩いたり、カフェに行ったりする人が出てきた」「みんながみんなカフェに行けるようなお金や時間があったわけじゃないと思うし、教科書76頁に化粧品の写真の広告が載っているけどこういうのもみんなが買えたわけじゃないと思う」などの意見が出た。

母性保護論争

次に「母性保護論争」を扱った。教科書には以下のように記されている。

> トピック　母性保護論争
>
> 平塚らいてうが、国家は母性を保護するべきであると主張したことにはじまる論争です。与謝野晶子は、平塚の議論を、国家によりかかる姿勢といい、それを批判しました。かわって、女性の経済的な自立を主張しました。このとき

> 山川菊栄（→p 78）は、女性の解放がまずなされなければならない、との主張をおこないました。その他の論者も加わって、1918年から翌年にかけて活発な論争が展開されました。
>
> （前掲書76頁）

世界経済フォーラムが発表した「国際男女格差レポート（The Global Gender Gap Report）2020」では、日本は153か国中121位と評価された。最初に調査が行われた2006年の80位から順位を落とし続けており、日本はいわゆる工業先進国の中で突出して低い。1999年（平成11年）に男女共同参画社会基本法が施行されたが、今日でもジェンダーギャップの解消が進んだという実感がある人は少ないのではないだろうか。女性の活躍を阻害する大きな要因のひとつにジェンダー役割の固定があることは異論の余地がないだろう。日本において、ジェンダー役割がもたらす弊害に対する大きな批判を基にし、それがはじめて本格的な論争に発展したものが「母性保護論争」だと言える。だとすれば、この論争について考察することは今日においても意味を持ち続けているはずである。

「母性保護論争」は、女性の育児と就労の両立は可能かという側面と、家事労働に対する国家による経済的扶助という社会福祉的側面がある。平塚らいてうと与謝野晶子の論争には多くの人が加わることになるが、平塚と与謝野の社会観・国家観の相違が明確であることから、授業で扱う際にはある程度この２人にしぼった方がわかりやすいだろうと考えた。

私の方から平塚らいてうの主張、与謝野晶子の主張について簡単な説明を加えた上で、生徒に呼びかけた。「平塚と与謝野の論争に加わってみてください。1918年の社会状況を考えて論争に加わる必要がありますが、あまり固く考えずに本音をぶつけてほしいです。論争の場所は大正時代のカフェではなく現代のカフェ、もしくはLINEなどのSNSをイメージしてくれてもかまいません。まず、自分の主張を記入し、その後はグループで意見交換してください」と伝えた。

どのグループも議論は盛り上がった。私は机間巡視をしていたが、特に介入して説明する必要を感じなかった。毎時間行っている「問い」づくりは、時間の関係で宿題に回して、じっくり「母性保護論争」に時間をとることにした。

生徒からは以下のような意見が出た。

・育児は男性にもできることがあるのでそこは協力すべき。
・子育てと仕事の両立を目指すなら国の協力は必要。一般女性ならなおさら国の力が必要になってくる。
・保護の部分も必要だし、出産後も働ける社会にしていくことも必要。
・与謝野は物書きとして収入を得ているが、職業が異なれば働き方も異なる。国の保護によって男女が働きやすくなることはあると思う。
・まず男尊女卑という観念があるのが悪いのであって、私は与謝野さんにかなり共感できるよ。
・子どもは国の発展のために産むわけではないよなぁ。でも全員が与謝野晶子さんみたいな強い人ではないと思う。男女ともに選択肢を増やしていくべき。

また、以下の意見は事前に私が話したことをいかして本当にくだけた口調で記入してくれたもので、個人的にとても面白かった。

・２人の意見のどっちにも同意できるところがある。らいちゃんは女性にとって住みやすい環境にすることを考えている。あっちゃんの考え、私は好き。社会的差別、「女性が家を守る」という考え方とか変えていかなきゃいけないことあるよね。むずかしいね。
・らいちゃんの意見もいいと思うけど、今後の女性の自立のことを考えると、国に依存しすぎちゃうと女性の経済的自立の妨げになる可能性はあると思うの。でも国の関与が全部だめなわけではないと思う。男性がちゃんと理解することも必要だし、女性も男性も活動しやすい社会について考えていかなきゃいけないよね。

親しい者同士というシチュエーションを選択しても、「対話」をしようとする姿勢があったことを評価したい。

このクラスは男子８名、女子13名の計21名で、当日はオーストラリアからの短期留学生２名（どちらも女子生徒）を加えて23名だった。男女ともに真剣に考えてほしい大切なテーマだが、記入した文字数、グループ内での発言回数がどちらも女子生徒の方が多く、途中で「男子ももっと発言していいんだぞ」と声をかけた。しかし、この生徒たちの多くが近い将来に自分自身のこととして直面するかもしれない問題について、歴史を通じて男女で議論できたことで、意味のある時間になったのではないかと思う。

普段は日本史の教科書が難しくてなかなか授業についていけていなかった留学生２人も、今回の議論に加わってもらい、グループによっては英語と日本語の両方が使用された。留学生２人が長文の英語でコメントを書いてくれてうれしかった（**【資料２】、124ページ**）。

5．今後の授業実践に向けて

2020年度は新型コロナウイルス感染症を抜きには語れない年度となった。勤務先では４月の中旬までにオンラインでの対応をシステム化し、６月の対面授業再開まではオンライン対応をとった。Zoom を使って担任がクラスの HR を行い、生徒への連絡には Google Classroom を活用した。また、授業においてはそれぞれの授業担当者が Zoom、YouTube、スタディサプリの映像授業や課題配信機能などの中から有効であると判断したものを活用し、教務部がオンライン用の時間割を作成した。IB（国際バカロレア）コースの生徒は Google Classroom ではなく Manage Bac という IB 専用のシステムを活用した。

ICT の重要性を感じる一方で、対面で授業ができることのありがたさを実感した１年だった。対面での「対話」ができる状況が続くことを願っている。

さて、高校１年次に〈日本史Ａ〉を担当したクラスの生徒たちが２年生になると、私はそのクラスの〈知の理論（TOK：Theory of Knowledge)〉を担当することになった。TOK は IB のコア科目であり、知識についてのきめ細かい問いをどのように分析するかを学ぶ。自然科学、人間科学、芸術、倫理、歴史などの知識の領域を題材にし、知識を吸収するのではなく、どのようにして知識になるのかを自ら分析し解明する姿勢が求められる。TOK は科目横断的であり、生徒だけでなく私自身も「対話」の力を高めるのに役立つので、生徒とともに学んでいる。

地域との「対話」も大切にしていきたい。私が勤務する昌平中学・高等学校は、埼玉県杉戸町を中心に活動する市民団体「すまえるプロジェクト」など、地域の人々との交流・連携を頻繁に行っている。新型コロナウイルス感染症は人々の交流に制限を加えたが、今後も地域とどのような「対話」が可能かを模索していきたい。

戦後民主主義を象徴する教科として誕生した「社会科」は、「対話」促進の中核になり得る教科だと私は思っている。高等学校では1994年度の高校1学年から「地理歴史科」と「公民科」に分かれたが、両方の教員免許を取得している教員は多く、中学では「社会科」という教科名を継続しているため、中学を併設している私立高校では普段「社会科」という言葉を使うことが多い。歴史の授業を担当するとしても社会経済や地理との「対話」を意識することができる教科であり、私は「社会科」の教員であることに誇りを持っている。〈世界史〉と〈日本史〉がつながる中で複眼的な視座が求められる新科目〈歴史総合〉を楽しみにしているし、それだけではなく他教科、地域の人々、学校外の人々との「対話」も考えながら様々な取り組みをしていきたいと考えている。

参考文献

・平田オリザ『わかりあえないことから―コミュニケーション能力とは何か』(講談社現代新書、2012年)
・馬場伸彦「「カフェ」と「女給」のモダニズム試論」(愛知淑徳短期大学国文学会『淑徳国文39』、1998年)
・草間八十雄『女給と売笑婦』(汎人社、1930年)
・河野哲也「母性保護論争のフェミニスト現象学からの解釈(1)」(京都大学大学院文学研究科日本哲学史研究室紀要『日本哲学史研究　第十二号』、2015年)
・鹿野政直・香内信子編『与謝野晶子評論集』(岩波文庫、1985年)
・小林登美枝・米田佐代子編『平塚らいてう評論集』(岩波文庫、1987年)
・水村暁人「歴史教科書を学び捨てる」(歴史学研究会編『歴史を社会に活かす–楽しむ・学ぶ・伝える・観る』東京大学出版会、2017年)
・山田耕太「生徒が教科書「で／を」考える授業」(歴史教育者協議会『歴史地理教育 No.849』、2016年)
・キャロル・犬飼・ディクソン、森岡明美、井上志音、田原誠、山口えりか『「知の理論」をひもとく－Unpacking TOK』(伊藤印刷(株)出版部、2017年)

【資料１】生徒による教科書のまとめ

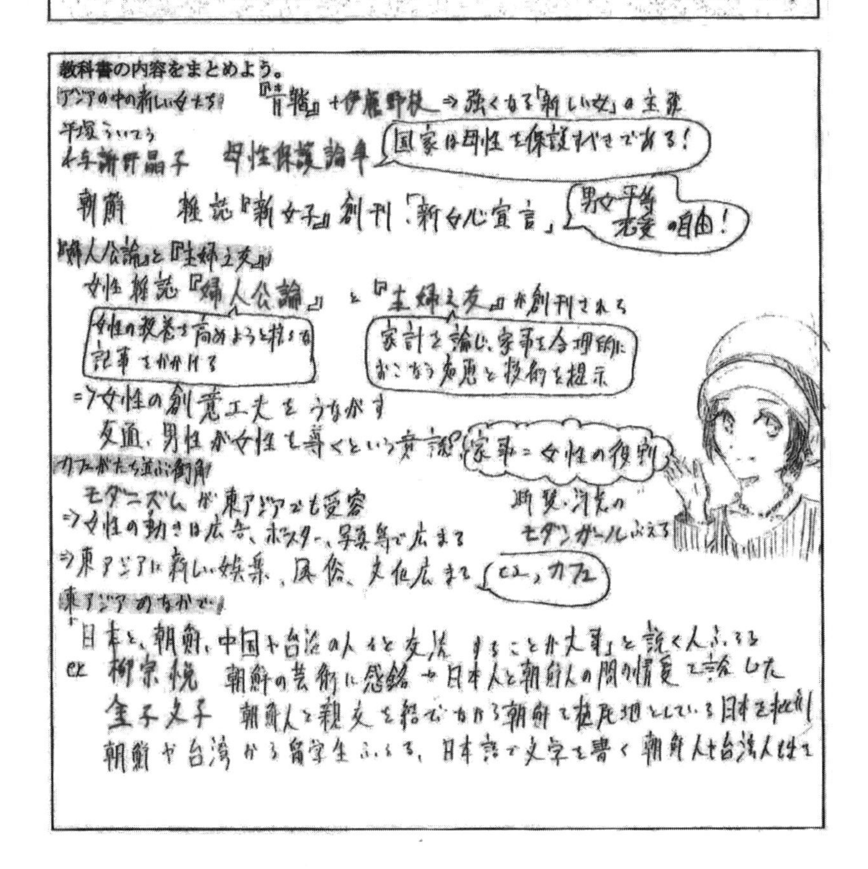

第4章　デモクラシーの展開と帝国の変容　**第１節　都市化と市民文化**

１　アジアのなかのモダニズム　教科書 P76～77

教科書の内容をまとめよう。

「アジアの中の新しい女たち」
『青鞜』＋伊藤野枝 ⇒ 強くなる「新しい女」の主張
平塚らいてう
与謝野晶子　母性保護論争　国家は母性を保護すべきである！
朝鮮　雑誌『新女子』創刊「新女性宣言」　男女平等 恋愛の自由！

『婦人公論』と『主婦之友』
女性雑誌『婦人公論』と『主婦之友』が創刊される
女性の教養を高めようと様々な記事をかかげる
家計を論じ、家事を合理的におこなう知恵と技術を提示
⇒女性の創意工夫をうながす
反面、男性が女性を導くという意識　家事＝女性の役割

カフェが立ち並ぶ街角
モダニズムが東アジアでも受容
⇒女性の動きは広告、ポスター、写真等で広まる
⇒東アジアに新しい娯楽、風俗、文化広まる　ex、カフェ
断髪・洋装のモダンガールふえる

東アジアのなかで
「日本と、朝鮮、中国や台湾の人々と交流することが大事」と説く人ふえる
ex　柳宗悦　朝鮮の芸術に感銘→日本人と朝鮮人の間の情愛を論じた
金子文子　朝鮮人と親交を結びながら朝鮮を植民地としている日本を批判
朝鮮や台湾から留学生ふえる、日本語で文学を書く朝鮮人や台湾人出て

【資料2】オーストラリアからの留学生が記入した「母性保護論争」のワークシート

「母性保護論争」にあなたも加わって、意見を述べてみよう。

In my opinion, I think it is an ~~aq~~ important thing for men and women to be equal. This arguement ~~dispt~~ demonstrates that in the past women would not work after having kids and I believe this to be wrong. For women to be independent, being able to work good jobs is important for their confidence and lifestyle. If women are able to work equally as men within society this will make a fair society to live in. ~~then~~ Therefore, ~~we~~ within the modern society women should be able to work hard and feel that they are accepted for their hard work.

「母性保護論争」にあなたも加わって、意見を述べてみよう。

I believe there should be gender equality and therefore have equal payment for the same quality of work. Women have been desperately fighting for gender equality for decades, and yet, gender inequality still thrives in many countries. This outcome is due to the government's minimal contribution of effort towards this serious matter, and this is therefore being overlooked because it is considered, by MEN, a non urgent or important topic. Females should have the right to earn equal wage as men for their efforts. If both adults in the family were able to earn money, says Person B, a double income would be very valuable. Person A, who works in a gender inequal office workplace believes that "It is very strict for women" and "our country needs to develop."

高校「社会科」と「持続可能な学び」

前川修一 × **梨子田喬** × **皆川雅樹**
福岡県立ありあけ新世高等学校（定時制） 岩手県立盛岡第一高等学校 産業能率大学経営学部准教授

梨子田　喬（岩手県立盛岡第一高等学校教諭）：　本書のコンセプトの「持続可能な学び」ですが、「持続可能な学び」には様々な意味がありますよね。学校の授業が終わって家に帰ってから問われる「学びの持続可能性」、コロナ禍による臨時休校で社会から要請された「学びの持続可能性」、推薦入試や就職試験に受かったあとの残りの高校生活における「学びの持続可能性」、それから……。

前川　修一（福岡県立ありあけ新世高等学校，定時制教諭）：　卒業をして、社会に出てから求められる「学びの持続可能性」。

梨子田：　それが一番大事ですね。たぶんこの本を手に取られた方は、様々な場面における「学びの持続可能性」を模索されているんだと思います。

皆川　雅樹（産業能率大学経営学部准教授）：　色々な場面はありますが、本質的な部分は通底している。それは何か、というのが大きな問いですね。なんだと思いますか？

梨子田：　いやーこれは難しいですね。でも、探りたいところです。「いま」「社会」「自分」というのがキーワードだと、自分は考えています。

1.〈地理総合〉〈歴史総合〉〈公共〉における「いま」

皆　川：「いま」「社会」「自分」というキーワードで、新しい高校「社会科」必修新科目の〈地理総合〉、〈歴史総合〉、〈公共〉を分析するとどうなりますか？

梨子田：まず、「社会」については、どの科目でも、「持続可能な社会」がはっきり意識されてますね。〈地理総合〉では、地球的課題の解決や持続可能な地域づくりが前面に出ていて、たとえば防災なんかがぐっと前に来ています。〈歴史総合〉では、最後に探究活動が据えられていて、「持続可能な社会の実現を視野に」と位置付けられています。〈公共〉では、「持続可能な社会づくりの主体となる私たち」という項目が立っていますね。日本は「自分の参加により社会をよりよく変えられると考える若者の割合が国際的に低い」ことが課題であるとされ、持続可能な社会づくりの担い手を育成するという観点から克服が目指されています。

前　川：歴史系の科目の場合は、どこまで生徒と「社会」とをつなげることができるかが問題ですね。

皆　川：あれ？　歴史系の科目は、「社会」を対象にしているはずなのに、なぜ「社会」とのつながりを意識しなければいけないのでしょう？

梨子田：歴史だけ「いま」がないからですかね。

皆　川：「いま」でしょ！ではなくいまがない（笑）。

梨子田：言い過ぎかもしれませんが、歴史で学んでいることは、過去という仮想世界か何かの話で、学んでいる生徒もその延長の「いま」というのをあまり認識できていないんじゃないか。これは、ずっと感じています。

前　川：テストや教科書の中だけの「仮想世界」（笑）。

梨子田：その仮想世界では、1600年になるとデジタル時計のように関ヶ原の戦いに切り替わり、世界の帝国や王朝の領土は塗り絵のようにキレイに境界線が引かれ、そして古代エジプトでは死んだら全員ミイラとして埋葬される（笑）。人間が生きる空間や時間なんて簡単に線が引けるものではないのに、かえって歴史を教えることでそう錯覚させているような気がして……。

皆　川：令和になった次の日に、何か変わったか考えれば気づくんですけどね。

では、「いま」は、「社会科」でどこまで問えると思いますか？

梨子田：「どこまで」というとゴールのようなイメージですが、むしろ根っこのような出発点となるものではないかと思います。「いま」を問うために学問はあって、「いま」を問うことで未来が創られる。

皆　川：「いま」から遠い歴史の勉強でも？

梨子田：そもそも「いま」を問うために歴史を顧みる、歴史を学ぶ、というのが歴史の本質です。でも高校生たちにとっては「チャイムがなるから歴史を学ぶ」になっている。「いま」を問うているわけではない。「ヒストリーはストーリー」、とは歴史教員が使う常套句ですが、「実社会と切り離された仮想世界の物語」ではいけないわけで、「ヒストリーはストーリーではなく現実だ」くらいに生徒にぶつけたほうがいいと思います。

前　川：これは歴史に限ったことではないですね。「チャイムがなったから社会科を学ぶ」になっていますね。もっと「いま」を問うから出発して学びに向かって欲しい。「いま」を問うことで、私たちは「たいへんな足場の上に『いま』まさに立っていること」に気づくことができます。

皆　川：「たいへんな足場」とは何ですか？

前　川：わたしたちの足場は、「社会」とも言えるかもしれません。その足場は、わずかにズレたとしても、たちまち崩壊する危険性をはらんでいること。決して、安穏として大地に佇んでいるわけではないこと。このようなことを意識できる学びの場が、大切になります。

皆　川：「いま」を生きることは、そんなに危険なことなんですか？

前　川：地球環境問題のみならず、世界で起きているありとあらゆることが、決して安穏として生活していられない状況を引き起こしています。だからこそ、丸山真男流にいえば、「絶えず自由であろうとする」こと。その意味での『日々の人民投票』。つまり、いまの暮らしを持続するための努力を、私たちはもっとしないといけない。

皆　川：「自由を行使できない場」が、足場になっているということでしょうか？

前　川：足場は、すでに崩れつつあります。なぜなら、まったく補強をしていないから。現在、我々の立つ足場はもろくも崩れ去りつつあるのに、そこに覚醒せず、まったく動こうとしなければ、海底に深く沈潜するしかなくなります。

梨子田： 古市憲寿さんも、『絶望の国の幸福な若者たち』で警鐘を鳴らしていますね。

皆　川： その補強ができるのが「政治」ですね。その「いま」ある足場を、時空間的に学ぶために、〈地理総合〉、〈歴史総合〉や〈公共〉が意味を持ちます。

前　川： そのとおり！　政治であり、経済であり、文化であり、思想であり、哲学でもあります。我々すべてが主体となって動かなければ、「世界は1ミリも動かない」のではなく、「1ミリたりとも、沈みゆくベクトルを止めることはできない」のだと思います。現状維持とは「努力」をすることであり、何もしないことではない。「持続可能」とはそういうこと。

梨子田： その「努力」は、社会全体で行っていかなくてはいけないし、個人としても行っていかなければいけないということですね。

皆　川： その「努力」を生徒たちに伝えるために、教員に必要なことは何でしょうか？

前　川： 「あなたが立っている足場は全く安定してないよ！　やばいんだよ！」と suggestion することかなあ。そのために、時間軸と空間軸の両方の判断材料が必要になると思うんですよね。地理も歴史も公共も、高校社会科って格好の材料じゃない？（笑）。ただ、彼らが「やばい」と感じるかどうかは、やはり「情動」に訴えるしかけが必要になるような気がしますね。

2．生徒の「情動」に訴えるしかけ

皆　川： 「あなたが立っている足場はやばいんだよ！」と言っても、彼らにとっての「やばい」にはいい意味もありますからね (;^_^A

梨子田： まさに前川先生のいう「情動」を動かす授業、いわば「エモい社会科教育」（笑）。

皆　川： 「情動」に訴えるしかけ、例えばどんなことが想定できますか？〈公共〉〈地理総合〉〈歴史総合〉でできそうなことは何でしょうか？

梨子田： 先ほど、「いま」「社会」「自分」がキーワードだと言いましたが、やはり情動に訴えるには「私」という視座が大事なんだと思います。教科書の前言や終章などを見ると「社会がこうだからこう生きなさい」というどこか大人社会の目線で「教える高校社会科」だったように思います。そうではなく、君から見て未来や「いま」の「社会」はどう見えるか、わがままに具体的に考察させ、「創りたい未来を構想しなさい」、にしないと。大人が作った檻の中で「こう学びなさい」「こう感じなさい」では、「持続可能な学び」にはならない。

前　川：　わがままに構想することを許すと、他者との差異や衝突が生まれる。ここを調整するのが対話。皆が、大人が用意した結論を丸呑みするような教室では対話は生まれません。まず、対立を大事にしないと……。

皆　川：　「私という視座」を持つと、学び方がどう変わりますか？

梨子田：　see（見える）と watch（注視する）の違いです。よく、「片付けた」と言われた部屋を見て、「まだあんなに雑然としているのに」と思うことがあります。自分が使う部屋じゃない、自分が責任を負う空間じゃない、だから雑然とした部分が見えない。「視界に入ること」と「意識に入ること」には差があります。「社会」を見る眼差しも同様です。見えているのだが、その課題や構造を認識できない状態から、解像度を上げてそれを watch していくように変わっていきます。

皆　川：　前川さんは、「情動」に訴えるしかけについて、例えばどんなことが想定できますか？

前　川：　私の授業で言えば、合戦絵巻とベトナム戦争の写真、飢餓草子とアフリカの飢餓のために痩せ細った子どもの写真、などは象徴的なものだと思います。授業の中でフレームと僅かなズレを工夫することはできると思います（※）。

皆　川：　人間関係にちょっとしたズレがあるように、そのズレを当たり前のように受け止めることから、新たな考えをめぐらすことになるんですかね？

前　川：　なんでしょうかね。小津安二郎の作品を見て私はちっとも古いと思わ

※前川修一「小津映画とアクティブラーニング」
https://www.manabinoba.com/tsurezure/015505.html

ないんですよね。常に新しさがある。究極にはシンプルなことだと思うんですよ。とってもシンプルで繰り返しやってることでも、ふっと視点をずらすと深い、みたいな。そういう感覚ですよね。これ、なかなかうまく表現できなかったんですよねー。一つ解決したと思っても、また新たな問いが生まれるみたいなね。なんというか、終わりがありませんよね。そして身につまされる。「身につまされる」感覚はかなり経験を積まないと出てこないことかもしれませんけど。初歩的には、「へえ、そうなんだ」くらいの感想から始まるのかも（笑）。

梨子田： いやー深いですねー。揺らぎやズレが学びの入り口なんですが、そこをサラッと同じものに上書きしてしまいがち。我々も生徒たちも小さな差異を watch しようとする態度は弱いかもしれませんね。日本の教育は、同調圧力の中で同調を選ぶ子どもを生み出していて、それがアクティブラーニング型授業の中にも影を落としている。友人との感じ方や考えの差異を言語化し、そこを掘り下げて欲しいのに、同調に落ちてしまい、不発に終わるという場面はよくありますね。

皆　川： 安易な同調に落ちずに、ずれや揺らぎをしっかりつかまえて学びに変えていくにはどうすればいいですか？

梨子田： やはり学びながら「自分軸」をいかに作るか。アクティブラーニングがだいぶ浸透してきました。「友達に説明してみよう」という場面をよくみます。言葉を発しているだけで何か気持ちが乗っていない……。説明は綺麗なんですけどね。説明をしましたよ、役目を終えましたよ、という感じ。学びにおける「自分疎外」と言ってもいい状況です。

3．アクティブラーニングの「黄昏」？

皆　川： アクティブラーニングの普及の現状についてどう考えますか？

梨子田： 先ほども「学びの自分疎外」について指摘しましたが、「友達に説明してみよう」といっても、その説明にほとんど感情が乗っていない。自戒を込めて指摘していますが、ここをなんとかしたい。

前　川： 授業時間の90% を教員によるチョーク & トークは勘弁してくれと言いたい。一方で、“とりあえず” グループワークやペアワークをやるという、いわゆる「活動あって学びなし」の状態も勘弁してくれですよね(笑)。しかしねえ、現場にいるとまだこの2つの段階から抜け出せていないと痛感することがありますよ……。

皆　川：「“とりあえず”グループワークやペアワークをやってみよう」と言われても、そんなもんやらされる生徒が不幸ですよ。

前　川：そうはいっても、高校現場の認識としては的確と言えないまでも、冷静な判断かもしれません。教員も生徒も、どっちも不幸な状態なら半歩進めてみるべきというのは、考え方としてはあるのだと思います。2014年以降の「AL ブーム」の中で、グループワークやペアワークを取り入れた授業が必ずしも成功したとは言えませんが、少なくともたくさんの挑戦があって、試行錯誤が繰り返されたことはまちがいありません。

皆　川：〈地理総合〉、〈歴史総合〉、〈公共〉といった必修新科目を学ぶ中で、このような「不幸な状態」を半歩進めるために、少しだけ不幸ではない状態をつくるしかないということですか……。

前　川：「やる」か「やらない」かの選択で言えば、「やる」方に舵を切るべきだと言います。何かを犠牲にして、例えば「近代化」が成し遂げられたというべきか。まぁ、ぼくは江戸時代に帰るべき派ですけどね（笑）。

皆　川：梨子田さんは、アクティブラーニングの今後についてどのように考えていますか？

梨子田：すでにそういう状況ですが、グループワークやペアワークは当たり前のように浸透していくでしょう。勝負は、“とりあえずグループワークでも”のその場凌ぎ AL ではなく、戦略的な授業デザインへ解脱していくか。やはり、教師がいなくても学びを持続させるには、戦略的な授業デザインが必要です。私もいろいろ試行錯誤していますが、一方で偶発的に生まれたやりとりが肝だとも経験的に感じています。ここを矛盾なく整理したいですね。

4．〈地理総合〉〈歴史総合〉〈公共〉と「持続可能な学び」

前　川：「持続可能な学び」について改めて考えると、はっとする瞬間、気づく意外性、発言するスリル、そして楽しさ、面白さ、ですね。ここまでの対話からそう思いました。

皆　川：「はっとする瞬間、気づく意外性、発言するスリル、そして楽しさ、面白さ」が学びの過程にあって欲しいのですが、定期試験や大学入試の問題について、〈地理総合〉、〈歴史総合〉、〈公共〉の３科目でもどんなものが望まれますか？

前　川：着眼点、スケールの大きさと視野の広さ、何より「あーそうなんだ！」という、はたと「膝を打つ感覚」が試験問題にあるといいですね。

梨子田：「膝を打つ感覚」、その言葉はいいですね。テスト中にその体験をさせてあげるような問題が大事だと思うんです。ただ、難解なものを出すだけ、細部の正誤がどうだとか、解答に至る鍵を何重にもロックした問題なんか見受けられますが、難しいだけで新しい知見がない。こんな問題で教員が生徒をいじめていたら、嫌になりますよ。

皆　川：試験や授業方法を含めた授業デザインが「持続可能な学び」の場づくりのポイントになりそうですね。前川さんが最近、生徒が「膝を打つ感覚」を持つような授業に取り組んだ例があれば教えてください。

前　川：例えば、「そもそも世界史を学ぶ意義とは？」という内容の授業の場合、「いま」を問うために、「産業革命とは何であったのか？」を考える時間をとります。その際、次のような材料を提示します。

産業革命のおかげで：

〈ある国の会社経営者（社長）の日記〉から

「機械を導入して，工場の生産ラインを整備した結果，わが社は生産量が増えて利益が10年前の10倍に達した。そのおかげで，従業員の数も増え大会社になった。さらに新しい分野にも開拓して，もっと利益の出るように仕事を広げたい。鉄道が発達したおかげで，港まで製品を列車で輸送できるようになり，また船でどんなに遠い外国にも品物を送ることができるようになった。産業革命のおかげで国にも貢献できているし，悪いことは１つもない。」

産業革命のせいで：

〈ある国の労働者の言葉〉から

「昼夜12時間も毎日働かされ，休みはひと月に２回しかもらえず，みな疲れている。病気になった同僚には医者の診察はおろか，薬も与えられず，ひどく身体を壊した者は死にいたるありさまだ。労働者は日の当たらない暗い路地裏に住み，伝染病やおう吐・下痢の症状が出て，ねたきりの場合も多い。毎月の給料はもらえるが，低賃金のまま上がらず，産業革命のおかげで生活が良くなった実感はほとんどない。」

生徒たちには、話し合いのポイントとして、次の３つを伝えます。
①メリットとデメリットについて具体的にどう書かれているか。
②会社を経営する側（資本家）と労働者ではどのように異なるか。
③産業革命とは何であったのか。

ある生徒は、こんなふうにまとめています。

産業革命とは何か

機械を導入して会社の生産効率はあがったが、労働者は休みもなくブラック企業であり、体調をくずし死者も出た。住居や生活の面では経営者側は豊かになったが、労働者はとても悪くなった。国や社会にとってはよい改革でも、人間にとってよかったとは言い切れない。みんなが幸せになるためには、それだけの時間がかかるのだろうか。

彼は、昼間アルバイトして夕方から学びにくる、定時制高校の生徒です。「ブラック企業」という表現から、彼が産業革命を自分事としてとらえたことがわかります。

梨子田： 多面的多角的に考察する上で、光と影を考えることは大切ですね。生徒の「産業革命とは」も、深まっていて素晴らしいです。もし私なら、授業の後半に、３人目の日記として消費者からの視点をいれますね。安く買い物ができ、欲しいものを選べる生活。「自分」のよって立つ現代の若者が浸る安楽な「いま」の「社会」というものの出発点が、この産業革命であることに気がついて欲しいです。

前　川：　なるほど、消費者の視点か！次の授業で使わせてください!!（笑）。お客様視点は、現代の生徒たちなら得意かもしれませんね（笑）。

◆

皆　川：　ここで、〈地理総合〉、〈歴史総合〉、〈公共〉の３科目のねらいを私なりに整理してみますね。

〈地理総合〉は、技能としての「GIS」と「グローバル」と「防災」という視点から、持続可能な社会・地域づくりを実現するための「私たち」の学びの場をつくることです。

〈歴史総合〉は、単元ごとの「問い」の主語は「私たち」で、「自由・制限、平等・格差、開発・保全、統合・分化、対立・協調」などの観点から「問い」づくりを通じて学ぶ場をつくることです。

〈公共〉は、公共社会における人間の存在意義を身近な社会から国際社会までを視野に入れて、持続可能な社会づくりを実現するための「私たち」の学びの場をつくることです。

〈地理総合〉〈歴史総合〉はPBL（Project Based Learning）型の学び方、〈公共〉は討論型の学び方、がそれぞれ理想だと思いますが、前川さんはどんな印象を持っていますか？

前　川：「学びの場」か……。広場ですね、アゴラ。学びを通して、現代の私たちがつながり合うアゴラという印象を持ちますね、この３科目は。〈地理総合〉も〈歴史総合〉も、たしかに課題や問いを通して学びを深めていく設計になっていると思います。そういう意味では、知識を積み上げた後に考察や研究があるのではなく、日々の探究の中に自然と知識が蓄積され、考察力も備わってゆく逆転の発想があるかもしれません。

また〈公共〉は、私自身、熊本地震のときに感じた地域や社会の結びつき、自助・公助・共助のバランスが個人を救うという発想、さらには社会への関わりengagementに収斂していく学びの軸を感じました。

いずれにしても、私たち教師は問われていますね。アゴラが広く開けた場所であるために、私たちが構築できることは何かが問われているような気がします。

（了）

結

「学校」という場と「社会」

皆川雅樹

1．「学校はみんなの心とともにある」

2020年、新型コロナウイルス感染症の拡大は、「学校」が子どもたちやその保護者にとっての「安心」「安全」の場の１つであることを再認識させた。学校に登校して、対面で授業や諸々の活動をすることを一時停止したり、オンラインで「代替」したりすることを経験することによって、改めて「学校とは何か？」が問われることになったわけである。

東京都にある西東京市立芝久保小学校の校歌の歌詞（作詞・谷川俊太郎）は、「学校とは何か？」についてとても考えさせられるものになっている[1]。

１．なんだろう　なぜだろう
　　見つめる　学ぶ　考える
　　教室は　はてない　宇宙の中にある
　　大きな不思議が　不思議がいっぱいだ
　　教室は　はてない　宇宙の中にある

---

(1) 西東京市立芝久保小学校ホームページ「学校の紹介」の「校歌」
http://www.nishitokyo.ed.jp/e-shibakubo/shokai/koka.html（2021年２月28日閲覧）。なお、芝久保小学校は私（皆川）の母校である。

2．もうすこし　あとすこし
　　頑張る　ねばる　ふみしめる
　　校庭は　まあるい　地球の上にある
　　激しい願いが　願いがいっぱいだ
　　校庭は　まあるい　地球の上にある

3．きれいだな　ゆかいだな
　　かけだす　歌う　手をつなぐ
　　学校は　みんなの　心とともにある
　　芝久保　芝久保　芝久保小学校
　　学校は　みんなの　心とともにある

1番は教室、2番は校庭、3番は学校について、それぞれ歌う。宇宙の「中」にある教室、地球の「上」にある校庭、みんなの「心」とともにある学校。「なんだろう　なぜだろう　見つめる　学ぶ　考える」ための教室、「もうすこし　あとすこし　頑張る　ねばる　ふみしめる」ための校庭、「きれいだな　ゆかいだな　かけだす　歌う　手をつなぐ」ための学校。

この校歌で「学校」は、みんなで走ったり、歌ったり、手を携えたりする場として歌われている。新型コロナウイルス感染症の拡大で、制限されていることばかりである。みんなで走ったり、歌ったり、手を携えたりすることによって、「きれいだな　ゆかいだな」といった感情が学校に集う人たちの間で生まれ、それが「みんなの　心とともにある」ことを実感できるのが「学校」ということであろうか。

この校歌の冒頭のフレーズである「なんだろう」について考えるものとして、ヨシタケシンスケ『なんだろう なんだろう』（光村図書、2019年）という絵本がある。その中で、「「がっこう」ってなんだろう」というページがあり、次のような文が散りばめられている。

がっこうって、ランドセルで　いくところ？
せんせいと　ともだちが　いるところ？
ないちゃったり　わらったり　けんかしたり　なかなおりしたり　するところ？
つい　わすれものを　しちゃうところ？
せんせいが　だれに　にているか　かんがえる　ところ？

がっこうって、いままで　したこと　ないことを　するところ？
いままで　かんがえたこと　ないことを　かんがえるところ？
じぶんと　ともだちの　おなじところや　ちがうところが　みつかるところ？
しゅくだいとか　テストとか　みんなで　「え〜っ。」って　いうところ？
たからものが　みつかるところ？

「がっこう」って、なんだろう。

（前掲書４〜５頁）

「…ところ？」という語尾から、「学校」という場について「なんだろう」と考える場合の例をいくつかあげている。「いままで　したこと　ないことを　する」「いままで　かんがえたこと　ないことを　かんがえる」などといった表現は、校歌の「なんだろう　なぜだろう　見つめる　学ぶ　考える」と類似するところであろう。人を表す言葉としては、「せんせい」「ともだち」「じぶん」や「みんな」がある。「ともだち」「じぶん」「みんな」と区別しているので、「みんな」は「じぶん」や「ともだち」を合わせた表現なのかもしれない。「ないちゃったり　わらったり　けんかしたり　なかなおりしたり　する」「じぶんと　ともだちの　おなじところや　ちがうところが　みつかる」など、自他の関係を表現する文も特徴的である。

ここで紹介した校歌においても絵本においても、「不思議」「いままでかんがえたことないことをかんがえる」などの学ぶことの可能性と「みんな」「ともだち」などの自分（たち）自身の存在や自他の関係性があるところとしての「学校」が表現されている。校歌も絵本も小学校がベースにあるが、表現されていることは中学校でも高等学校でもそれほど差はないように思える（中・高でランドセルは持たないが、指定バックや制服があるなど）。

2．学校給食がもたらす「安心」

校歌の歌詞の通り、「学校は　みんなの　心とともにある」とすれば、「安心」できる「学校」は「みんな」がいる場である。

学校が「安心」の場となり得る例として、「みんな」で同時に食事をする学校給食制度があげられる。藤原辰史は、給食の基本的性格として、①家族以外の人たちで食べること、②家が貧しいことのスティグマを子どもに刻印しないという鉄則、③給食は食品関連企業の市場であることをあげる[2]。②は、学校が休校になることによって貧困層の子どもたちは、給食から摂取していた栄養分や食事そのものを失うことになってしまった。また、③は、保護者が食品関連企業に勤務していると、経済的な打撃を受けていることは想像に難くなく、②の貧困問題にもつながる可能性がある。

一方、①は、家族以外の他者との「共食」の場を失うことにつながる（コロナ禍における会食のあり方が問われていることとも通じる）。日本の歴史において、社会集団の一員として「共食」を伴う儀礼の場は人間関係を築くために必要であり、共同体意識や一体感を醸成するものである。例えば、「共食」のタイミングが必ずある「宴会」は、席次によって集まる人々の身分秩序が確認できたり、外国や異人と交渉したりするなどの場である。現在においても個食・孤食が問題となっており、何を食べるかよりも誰と食べるかが大切であり、「共食」は人と人との絆を育むものである[3]。

給食も、人と人との絆を育む「共食」の場なのである。なお、給食は自由にメニューが選択できない場合が多く、好き嫌いが多い子どもたちにとっては「強制力」を持つものとなり得る。藤原氏は、家庭科の調理実習の時間を増やしたり、食材を購入しに行ったり、食材を子どもたちで育てたり、給食を地域の人々に開放する日を増やしたりすることを提案している。このような「社会」に開かれた給食を実現することで、給食の「強制力」を解除できるという。なお、藤原氏は、教室内だけの関係性だけのような閉じた空間ではなく、ほどほどの人間的なつながりを醸成しやすい食のあり方を「縁食」（孤食と共食の間）と呼んでいる[4]。

⑵藤原辰史『給食の歴史』（岩波新書、2018年）８～９頁。

⑶原田信男『「共食」の社会史』（藤原書店、2020年）参照。

「社会」に開かれた給食という視点は、平成30（2018）年３月告示の高等学校新学習指導要領（以下、新指導要領）で示されている「社会に開かれた教育課程」が、授業のみならず、給食の場も含めることも可能である。今後、小・中学校などの「給食探訪」や高等学校・大学などの「学食探訪」などをすることによって、学校における「共食」「縁食」の場について探ることができるかもしれないが、しばらくは人間的なつながりすら感じられない「黙食」が続くのかと思うとさみしい限りである。

３．社会の「外」に集まる場としての「学校」

ここまでみてきた「学校」は、みんなで学んだり、家族以外の他者との関係性があったり、みんなで食事をしたりするなど、個人のみではなく、集団で活動する場である。

そもそもヒトが「集まる」理由は、「出生と死亡によって世代が置き換わる人口再生産の基盤になることであり、ひいては社会集団が存続する基盤になること」[5]である。つまり、集団が生き残り続けるために集まるのである。生態学において、生き物が群れるきっかけは採食・対捕食者戦略と繁殖であり[6]、やはり集団が生き残り続けるための活動である。

日本において、近代の学校制度が輸入される以前は、ムラなどの共同体社会内で、職業技能の伝承や文化などを先行世代から新しい世代が学ぶことで「人づくり」が行われていた。共同体社会に人が集まり、「人づくり」が継続的に行われるのは、その社会集団が生き残り続けるためであることは容易に想像できる。このような近代以前の共同体社会における「人づくり」が、近代以降になると輸入された「学校」制度の普及にともない「教育」に置き換えられていく。近代以降になると、「教育」の場としての「学校」は、「次世代の養成を特別な時空間で行

⑷藤原辰史『縁食論―孤食と共食のあいだ―』（ミシマ社、2020年）83～86頁。

⑸大塚柳太郎「「動く」と「集まる」からみるヒト」（同編著『生態人類学は挑む　SESSION 1　動く・集まる』京都大学学術出版会、2020年）289頁。

⑹高畑由起夫「生まれる、動く、集まる、去る、そして死ぬ―サルたちのマイクロデモグラフィー―」（大塚柳太郎編著『生態人類学は挑む　SESSION 1　動く・集まる』京都大学学術出版会、2020年）130頁。

う場であり、子どもを一度生活から切り離し、また社会に返すという営みを前提とする」ものとなった[7]。

共同体社会の「内」にあった「学校」的な機能は、近代化とともに社会の「外」に置かれることで、社会集団が生き残り続けるためではなくなってしまった。社会の「外」に置かれた「学校」は、教師と子どもたちの間にある「教える・学ばせる／教えられる・学ぶ」という関係の場になったのである。このような近代における学校教育の普及によって、社会的地位や労働市場への参加の機会を提供するとともに、政府が政治過程に参加できる国民を育成することを目指したからである[8]。それらのことのために、共同体社会に集まることから切り離して、教師と子どもたちだけの集まりをつくる「学校」に通い、卒業することで新たな「社会」に送り出すしくみができたわけである。

戦後、学校教育法第１条に「学校」とは「小学校、中学校、高等学校、大学、盲学校、聾学校、養護学校及び幼稚園」と定められる（いわゆる「１条校」）。戦後の「学校」も、「次世代の養成を特別な時空間で行う場であり、子どもを一度生活から切り離し、また社会に返すという営みを前提とする」ことに変わりはない。

このように、「学校」は、社会の「外」にあり、教師と子どもたちという「みんな」が集まる場として今なお存在しているのである。

4.「社会に開かれた教育課程」と「社会」科

では、今現在「みんな」が「安心」して集まる場としての「学校」は、「社会」とどのような関係にあるのか。新指導要領の「前文」では、「社会に開かれた教育課程」について、次のような説明がある。

> 教育課程を通して、これからの時代に求められる教育を実現していくためには、よりよい学校教育を通してよりよい社会を創るという理念を学校と社会とが共有し、それぞれの学校において、必要な学習内容をどのように学び、どの

---

(7) 木村元『学校の戦後史』（岩波新書、2015年）２～６頁。

(8) OECD 開発センター編著『幸福の世界経済史―1820年以降、私たちの暮らしと社会はどのような進歩を遂げてきたのか―』（明石書店、2016年）113頁。

ような資質・能力を身に付けられるようにするのかを教育課程において明確にしながら、社会との連携及び協働によりその実現を図っていくという、社会に開かれた教育課程の実現が重要となる。

まず、「よりよい学校教育を通してよりよい社会を創るという理念を学校と社会とが共有」することで、「よりよい社会を創る」ことが示されている。「学校」での教育が、「社会」を創ることにつながることが明文化されている。次に、「学校において、必要な学習内容をどのように学び、どのような資質・能力を身に付けられるようにするのかを教育課程において明確にしながら、社会との連携及び協働によりその実現を図っていく」とあり、「これからの時代に求められる教育」は「社会との連携及び協働」によって実現していくことが示されている。「学校」での教育のために、「社会」との連携・協働が前提となることが明文化されている。このように、「学校」の教育課程は「社会」とのつながりを前提に編成されることを目指している。ここでいう「社会」について合田哲雄氏は、次のように説明している(9)。

地域や保護者の方々が重要なパートナーであることはもちろんですが、社会の構造的変化のなかでその範囲は広がっています。今、時代の歯車を回し社会を牽引しているのは、大企業や霞が関の組織人よりも、NPO を立ち上げたり、起業したりしている多くの若手です。社会的な価値創出の現場では、これまでは考えられないような地殻変動が起こっています。組織や肩書きのみにとらわれるのではなく、先生方ご自身の目で、どういう人がどんな力を持っていて、学校での学びを活かしてどんな価値を生み出しているのかを見極め、連携していくことも必要だと思います。

「社会」とは、身近な地域の人々や子どもたちの保護者だけではなく、学校での学びを活かして価値を生み出している人を指すという。このような人々との連携をしていくためには、教員が「社会」の「内」に積極的に入っていき、「学校」との架け橋になることが求められる。しかし、教員だけでの活動には限界があるので、無理のない範囲で仲介役をするとともに、場合によっては子どもたちに伴走する形で、子どもたち自らの力で「社会」に入っていくことも想定できよう。

---

(9) 合田哲雄『学習指導要領の読み方・活かし方─学習指導要領を「使いこなす」ための8章─』(教育開発研究所、2019年) 80頁。

「社会」という名を冠する「社会科」という教科は、高等学校ではなくなってしまったが、新指導要領の地理歴史科と公民科の「第1款」には、両教科ともに「社会的な見方・考え方」を働かせて資質・能力を育成することが目指されている。両教科では「社会」を前提とした学びが求められているわけである。両教科の教員が、子どもたちと「社会」をつなげていく重要な役割を担っているとも言えよう。

本書の第1部に掲載した「授業探訪」の最後の項目である「授業の『価値』」では、各先生方と「社会」との連携・協働について紹介している。本書の内容を何らかのヒントとして、「持続可能な学びのための『社会科』の授業実践」が増えていけば幸いである。そして、「学校」と「社会」との境界線[10]や接点により意識が向き、「学校」や「社会」に存在する「みんな」にとっての「安心」「安全」の場が何処かしらできることを願うばかりである。

最後に、ご執筆してくださいました日野田先生、伊藤先生、梨子田先生、西村先生、堀越先生、前川先生（執筆順）に、心より感謝申し上げます。また、このような企画を書籍化してくださった清水書院の皆様にも感謝いたします。そして、執筆者の皆様の授業実践に登場する生徒の皆様や社会で活躍する皆様にも、厚く御礼申し上げます。

⑽木村元『境界線の学校史―戦後日本社会の学校化社会の周縁と周辺―』（東京大学出版会、2020年）の「あとがき」（木村元氏執筆）には、学校の「境界線の意味を改めて捉えること、新しい境界領域が抱えた葛藤をしっかりと見据えることの必要性」を指摘している（252頁）。同書は、学校教育法第1条に「学校」（「1条校」）やそれに準じる「学校」の周縁・周辺に位置付けられる夜間中学、定通教育、朝鮮学校、生活指導、職業・技術教育を検討している。このような学校と学校外を分ける境界線に注目することで、「学校」の「内」と「外」との関係を見出そうとしており、この方法は「学校」と「社会」との境界線を考える上でも必要になろう。

〈編著者紹介〉
皆川雅樹（みながわまさき）　産業能率大学経営学部准教授
1978年東京都生まれ。博士（歴史学）。法政大学第二中高等学校特別教諭、専修大学附属高等学校教諭を経て現職。主な実績に、『日本古代王権と唐物交易』（単著、吉川弘文館）、『アクティブラーニングに導くKP法実践』（川嶋直との共編著、みくに出版）、『歴史教育「再」入門』（前川修一・梨子田喬との共編著、清水書院）などがある。

DTP作成／カバー・表紙デザイン　新後閑

持続可能な学びのデザイン
ー公共・歴史総合への架け橋ー　高校「社会科」授業実践

2021年7月20日　初版発行

編著者　皆川雅樹
発行者　野村久一郎
発行所　株式会社 清水書院
〒102-0072　東京都千代田区飯田橋3-11-6
電話　03-(5213)-7151
印刷所　広研印刷 株式会社
製本所　広研印刷 株式会社

定価はカバーに表示

●落丁・乱丁本はお取り替えいたします。

本書の無断複写は著作権法上での例外を除き禁じられています。複写される場合は、そのつど事前に、（社）出版者著作権管理機構（電話 03-3513-6969、FAX 03-3513-6979、e-mail：info@jcopy.or.jp）の許諾を得てください。

ISBN 978-4-389-22597-1　　Printed in Japan